给初中生
家长的 50 条建议

牟中华　著

中国海洋大学出版社
·青岛·

图书在版编目（CIP）数据

给初中生家长的 50 条建议 / 牟中华著 . —青岛：中国海洋大学出版社，2023.11

ISBN 978-7-5670-3683-3

Ⅰ . ①给… Ⅱ . ①牟… Ⅲ . ①初中生—家庭教育 Ⅳ . ① G782

中国国家版本馆 CIP 数据核字（2023）第 212412 号

出版发行	中国海洋大学出版社		
社　　址	青岛市香港东路23号	邮政编码	266071
网　　址	http://pub.ouc.edu.cn		
出 版 人	刘文菁		
责任编辑	孟显丽	电　话	0532-85901092
印　　制	青岛国彩印刷股份有限公司		
版　　次	2023年11月第1版		
印　　次	2023年11月第1次印刷		
成品尺寸	170 mm×230 mm		
印　　张	11.5		
字　　数	176千		
印　　数	1～1400		
定　　价	48.00元		
订购电话	0532-82032573（传真）		

发现印装质量问题，请致电0532-58700166，由印刷厂负责调换。

作者简介

　　牟中华，中学高级教师，1994 年参加工作，担任班主任 20 余年；现任山东省青岛第三十九中学英语教师、班主任；曾荣获山东省优秀班主任、齐鲁名班主任建设工程（2022—2025）人选、山东省优秀班主任工作室主持人、青岛市首届普通中小学名班主任工作室主持人、青岛市学科带头人、青岛市教学能手、青岛市三八红旗手等称号；2022、2023 年曾担任山东省班主任全员培训省级指导专家；在 2021 年青岛市优质课评选中获班主任优质课一等奖。主编的《主题班会与教育故事——展现班主任的工作智慧》由中国海洋大学出版社出版。主持山东省家庭教育专项课题"父母在家庭教育中的榜样作用与运用研究"。主持研发的《班级家庭教育指导课程（初中版）》在 2020 年青岛市家庭教育指导精品校本课程评选活动中被评为精品课程。所带的 2005 级初二·8 班、2012 级初二·6 班、2017 级初三·2 班三个班级先后被评为青岛市先进班集体，2020 级初三·12 班团支部被评为青岛市先进团支部，2020 级 12 中队被评为青岛市雷锋中队。

序 ————

PREFACE

近些年，在青岛教育的园地里，涌现出一批专家型、科研型教师。他们在学科教学及教育管理工作中出类拔萃、成就斐然。牟中华老师就是其中的一位优秀代表。

牟中华老师是山东省优秀班主任、齐鲁名班主任建设工程人选、青岛市学科带头人、青岛市三八红旗手，无论是学科教学，还是班主任工作，都非常出色，令人佩服。更让我欣赏的是，她在家庭教育方面的研究非常深入。《给初中生家长的50条建议》以丰富的案例，充分展示了她在30年教学工作中对家庭教育的思考。

从历史上看，没有一个时期比当今的家长更重视对孩子的教育，然而，也没有一个时期比当今的教育更令人忧心。

2021年颁布的《中华人民共和国家庭教育促进法》，可以说是当前我国家庭教育成功经验与理论研究的智慧总结，从家庭教育的内涵、宗旨、内容及开展家庭教育的原则要求、方式方法等方面，提出了切实可行的指导意见。认真阅读牟中华老师给家长的建议后，我认为，她的这些建议就是《中华人民共和国家庭教育促进法》精神的具体实践。

回到中小学教育的现实，尤其是初中教育领域，我认为，无论是过去，还是未来一段时间内，家庭教育及家庭教育指导必然离不开"学习"这一核心！有两种极端现象值得我们警惕：一是有的老师迎合社会、家长心理，功利性太强，就学科学习而谈学习，在做家庭教育指导时偏离了其本质，加重了家长的焦虑与恐慌；二是有的老师误解了素质教育，谈"学习"色变，家庭教育不落地，不能满足社会需求和家长的期待，削弱了教育的实效与作用！

其实，家庭教育、家庭教育指导与学科知识学习并不矛盾。学习是青少年全面发展、健康成长的需要，也是青少年发展的重要任务。好的家庭教育也是为了促进这一任务的达成。所以，问题的核心是，家庭教育要回归科学，注重科学育人！我们的家庭教育不是需要不需要关注学习，而是探讨如何让家庭教育促进青少年的学习。让家庭教育走向教育的前台，向家庭教育要质量，这是这些年来，我与同人走进学校进行家庭教育辅导时的感受与认识。读了牟中华老师的《给初中生家长的50条建议》，我已感受到了她的这一初心。

牟中华老师作为教育工作者，她在履行"教书"这一岗位职责上是优秀的，她在"育人"这一职责上同样值得学习。当下，在家庭教育领域，我们都在努力探讨如何培育智慧家长。

2021年底，在山东省首届智慧家长颁奖典礼上，节目组让我在嘉宾点评环节谈一谈"什么是智慧家长"这一话题，我谈了三点意见，用三个词语来概括就是：

一是端正，就是教育观念要端正。智慧家长像是一个哲学家，"看得开、拿得起、放得下"，注重孩子成才，更注重孩子成人。合理期待，扬长避短，重视孩子个性特长的发展，家长可以静静地期待孩子的成长与成功，让孩子成为他想成为并且能够成为的人。

二是淡静，就是教育心态要淡静。智慧家长像是一个学者，"想学习、会学习、能学习"，注重孩子的学业成绩，但更注重自身的教育修养。因为智慧家长懂得孩子的身心发展规律，知道教育应当遵循的法则，所以容易从各种功利主义和教育焦虑中脱离出来。

三是协同，就是教育行为要协同。智慧家长像是一个社会活动家，"有爱心、有担当、乐奉献"，不但注重自己"小家"的教育改良，而且注重促进"大家"的教育环境优化。智慧家长在协同育人活动中成为积极分子，孩子会因为父母的优秀，使自己变得更加优秀。

　　读了牟中华老师的《给初中生家长的 50 条建议》，我很感动，也很欣慰，对进一步做好家庭教育指导工作充满希望。家庭教育是一个极其广阔的领域，牟老师 30 年的教育实践、诚挚的教育情怀和对家长的一片爱心，足以帮助家长们！愿牟老师初心不改、继续前行！

山东省家庭教育专家指导委员会专家　管相忠

目录
CONTENTS

品行培养篇 ———————————————————— (033)

人际关系篇 067

学段指导篇　　　　　　　　　　　　　　　　　　　　⟨099⟩

学习指导篇 ─────────────────── 131

亲子沟通篇

PARENT-CHILD COMMUNICATION CHAPTER

01 | 放下权威，做民主型父母
——如何与青春期的孩子有效沟通？

在家庭教育中，父母与孩子的有效沟通对于构建和谐的家庭氛围以及孩子的健康成长至关重要。但升入初中后，不少父母反映孩子和小时候相比简直像变了个人，每天一放学回家就进自己的房间，学校发生的事情从不主动和父母交流；也有的家长苦于孩子变得脾气暴躁，和他说不上几句话，就剑拔弩张，家里因此经常"硝烟弥漫"。不少孩子对父母的评价也多为"冷漠""有代沟""不通情达理"。那么家长究竟该怎样与青春期的孩子进行有效沟通，构建和谐的亲子关系呢？

一、尊重孩子，平等交流

尊重是每个人最大的心理需求之一。青春期的孩子自我意识增强，他们常用怀疑的眼光看待周围的事物，急于摆脱家长的束缚。他们对"尊重"两个字尤其敏感，希望与成年人进行平等对话，对家长一味地说教非常反感，更难以接受被经常性地批评指责。即使他们心里明白家长说的道理是对的，但只要没有感受到被理解、被尊重，他们就会排斥家长所说的一切。跟家长较劲、对着干的孩子实际是在以自己的行动赢得在家庭中的话语权、争取被平等对待的权利。处于青春期的孩子，身体、心理发生急剧变化。孩子变了，如果家长的交流方式不变，还因循着教育小孩子的方式跟他们交流，放不下传统观念赋予家长角色的权威性，自然会造成沟而不通，甚至水火不容的局面。

　　建议家长在言谈举止中表现出对孩子的充分理解与尊重。尽量使用商量和建议的口吻，避免"你应该""你必须"等命令的字眼。比如，同样是催促孩子抓紧时间写作业，家长说"你再写一会儿玩一会儿，全家人都要陪你熬夜，赶紧的！"和"妈妈知道你上了一天学，晚上又写了这么长时间的作业，特别辛苦。咱加快点速度，争取早休息，好吗？"有什么不同吗？如果我们是那个写作业的孩子，哪种说法更能说到心坎里呢？第一种说法给孩子的感受是被指责、被命令，还有父母陪着熬夜的抱怨；而后者则饱含着妈妈对孩子的理解、关心，让孩子感受到暖暖的爱。同样的目的，交流的方式不同，结果会大相径庭。

二、丰富内容，学会倾听

　　很多孩子不愿意跟家长沟通交流的一个主要原因是，认为家长和他根本不在一个"频道"上，家长心里想的、嘴里说的只有学习。所以他们更愿意和同学、朋友甚至是素不相识的网友"侃大山"，也不愿意和近在咫尺的父母说上半句话。随着获取知识及信息的渠道越来越多，一个十几岁的孩子在不少领域的知识面的确是很多父母所不能及的。要和孩子有共同语言，破解与孩子沟通的语言密码，家长就要不断学习。家长不妨对孩子感兴趣的事物有所涉猎：当你能和他一起看喜欢的球队的比赛，对他追的星也略知一二，能和他一起聊聊 ChatGPT，跟他一起追追喜欢的美剧的时候，你就会发现那个对你几乎关闭了心门的孩子又慢慢回来了，而且会和你走得越来越近。

　　亲子沟通的本质是双方信息交流的过程。父母一说话就好为人师、诲人不倦，不给对方说话的机会就不能称为沟通。对于孩子感兴趣的话题，父母不但要鼓励其充分表达，而且要认真倾听。倾听不是父母坐在那里只听就好了，倾听是要有互动的。和孩子有目光交流，面向对方并保持身体稍向前倾，面部表情放松、自然、真诚。这样孩子通过父母的微表情就能感受到你对他很尊重、对他所说的话题有兴趣。在孩子充分表达的前提下，在愉悦的氛围中，双方便于实现信息的交流。即使双方观点不一致，也不会影响交流的效果。在和孩子交流沟通时，父母还可以通过适当示弱的方式来激发孩子表达的欲望、提升孩子自主解决问题的能力以及自信心。

三、积极暂停，以退为进

在与青春期孩子沟通的过程中，即使家长努力做到了尊重、理解、信任，也尽力做学习型的父母，培养和孩子的共同语言，对同一问题意见不一致、出现分歧肯定不可避免。家长在沟通中应该训练自己的觉察能力，当冲突一触即发的时候，先把"火药味"降下来再进行沟通。避免情绪激动的时候，说出过激的话，做出过激的事情。那样非但解决不了想要解决的问题，反而会把局面搞得更僵。有些孩子在学校里表现出遇事不冷静，容易与他人产生语言甚至肢体上的冲突，大多可以从家庭教育中找到根源。不妨让争论暂停，告诉孩子："我理解你生气的感受，但我不认同你靠吼、靠发脾气来解决问题的方式。等你心情平复之后可以随时来找我，咱们以相互尊重的态度，一块讨论出一个双方都能认可的解决方案，好吗？"

因为青春期的孩子往往比较固执，脾气倔强。在很多问题的处理上，家长应该允许孩子保留自己的观点，求大同存小异。毕竟家是讲情的地方，而不是讲理的地方，不必事事非要分出个是非曲直。家长适当的退是为了更好的进，这不是对孩子的放任纵容，而恰恰彰显了家长的教育智慧。

亲子沟通是一门艺术。卡耐基曾经说过："如果你是对的，就要试着温和地、技巧地让对方同意你。"尽管与青春期的孩子有效沟通是一件很具挑战性的事情，但只要家长放下父母的权威，尝试着和孩子交朋友，倾听他们的心声，做到温和而坚定，和青春期的孩子相处一样可以其乐融融。

02 | 爸爸爱妈妈，妈妈爱爸爸
——父母在教育孩子问题上意见不一致该怎么办？

父母因为原生家庭的成长背景、受教育程度、价值取向等的不同在教育孩子问题上意见不一致是很正常的现象。当"虎爸"遇上"猫妈"或"严母"碰上"慈父"，是否能做到家中风调雨顺，孩子茁壮成长，考验的是父母的教育智慧以及父母之间的相处之道。

父母在孩子的教育问题上总是出现分歧，带来的后果轻者会让孩子无所适从，就像"手表定律"指出的那样：只有一只手表，可以知道时间；拥有两只或更多的手表，却无法确定准确的时间。当孩子面对父母的"双标"，往往会选择扮演"白脸"利己的一方，而不是理性思考谁的观点或办法更有利于问题的解决。更严重的后果是在不少家庭中，夫妻双方因为子女教育产生的矛盾，升级为夫妻矛盾，影响了家庭的和谐，给孩子带来更大的伤害。要解决在教育孩子问题上父母意见不一致的问题，需要夫妻双方意识到其利害关系并共同为之做出努力。

首先，请明确家庭中的核心关系是夫妻关系，然后才是亲子关系。

不少家庭中，亲子之间冲突不断，孩子叛逆严重，就是因为父母自己站错了在家庭中的位置。有了孩子之后，父母一方，尤其是妈妈，或者夫妻双方都把孩子放在了第一位，双方的父母占据第二，其次才是伴侣。夫妻之间疏于情感上的沟通，柴米油盐的生活中免不了磕磕碰碰。这样的家庭氛围中父母在教育孩子的问题上很难达成一致意见，形成合力；很难做到"气不责子"，心平气和地和孩子说话；很难给足孩子安全感，让他看到、感受到有爱的家应该有的样子。敏感的孩子还会有"爸爸、妈妈总是为了我吵架"的负罪感。

在家庭中，夫妻关系一定高于亲子关系。和谐的夫妻关系是"家庭的定海神针"。教育实践中我们会发现那些遇事冷静、阳光自信、自律自强的孩子多来自和谐民主氛围浓厚的家庭。因为家庭是孩子成长的根，根扎得越深，枝叶才能越繁茂。家庭不是法庭，不是事事讲理，非要分出个输赢、对错的地方。夫妻间应该正视彼此间的差异，互相包容接纳、相互信任、彼此尊重、真诚相处，孩子才会有稳定的安全感和归属感。要想让孩子发展成为我们希望的样子，不是父母双方都按照自己的想法、意愿在孩子身上发力，而是先做到爱自己的另一半，让孩子感受到爸爸爱妈妈、妈妈爱爸爸。

其次，相互搭台，维护对方在孩子心目中的形象。

尽管父母在教育孩子的理念、方式、方法方面存在不同，但爱孩子、希望孩子越来越好的初心是一致的。因此在孩子面前就要积极解读对方的教育方式、教育行为。即使认为对方的教育方式确实欠妥，也不要当着孩子的面指出甚至指责对方的不足，相互拆台。没有威信的父母是不可能教育好孩子的。

小 Z 的父母都是高级知识分子，但两人教育孩子的理念完全不同。爸爸是典型的权威型家长，明明对孩子寄予厚望，但当孩子达不到要求时，给出的几乎都是负面评价；妈妈完全不认同丈夫的教育方法，希望静待花开，顺应孩子成长的天性和规律；两人谁也说服不了对方，矛盾累积到要离婚的地步。孩子在大人相互的指责、争吵声中越来越封闭自我，厌学情绪严重。如果能换种方式解决这对父母教育观念上的冲突，一家三口的日子想必会是另外一番情景。当爸爸因为辅导作业和儿子发脾气的时候，妈妈先把气头上的爸爸叫到另一个房间，安慰说："我能理解你的情绪。换作是我一道题讲几遍儿子还不会，我也气得想敲桌子。你先缓一缓情绪，让我去试试。"当着孩子的面则可以这样说："爸爸越吼你，是不是越想不明白题了？爸爸的行为是不对，但爸爸爱你的心是不能被否认的。他的科研任务虽然很重，但每天都花不少时间分析你的错题，帮你讲题。爸爸一时没控制住脾气可别怪他呀！"夫妻中有一方总能这样主动为对方搭台，相信对方再遇到类似的情境，也会做好"和事佬"，主动维护伴侣在孩子心目中的形象。

最后，求同存异，真诚交流。

当父母在教育孩子的问题上意见出现分歧时，需要心平气和地解决问题。一方总是迫于弱势的家庭地位屈服于另一方；一方赌气放手不管，不再对孩子的教育问题发表意见；或父母当着孩子的面大吵大闹，争对错输赢，都不是解决问题的明智之举。夫妻之间需要真诚的交流。停止争吵，做积极的暂停。当孩子不在眼前的时候，静下心来且语气舒缓地与对方沟通彼此的看法，这时往往会收到好的效果。父母在出现矛盾时理智的处理方式也会潜移默化地对孩子产生积极影响。当他再与他人包括父母意见不一致时，自然就学会了控制情绪，着眼于当下问题的解决而不是任由情绪宣泄，而不顾及这样做的后果会与希望达成的效果南辕北辙。

如果夫妻双方良性沟通后也始终达不成一致意见，那就求同存异，或者把最终的选择权交给孩子。比如有些父母对孩子的中考第一志愿填报哪所学校非常纠结，双方各执己见。那不妨把所了解的两所学校的近几年录取分数线、办学风格、填报这所学校的好处以及可能的风险都客观地罗列出来，由孩子遵从自己的内心拿主意。面对青春期阶段的孩子，父母不能再一味地坚持己见，继续做权威型父母。给孩子话语权，有利于培养孩子的独立思维，有利于其独立人格的形成。

强求父母在教育孩子问题上达成一致意见是很难的。只要双方本着平等、尊重的原则，先经营好夫妻关系，无论父母还是孩子，内心都有十足的安全感和归属感，就不难破解夫妻教育观点不一致的难题。

03 | 父母先处理好自己的情绪再来解决孩子的问题

——孩子爱顶嘴怎么办？

"如果爸爸批评你批评得不对，爸爸可以向你道歉。但是你确实做错了，我能不管你吗？""我哪儿做错了？""老师说你上课不听讲，在画画。""我什么时候上课画画了？""小学数学老师告诉我的。你没画画老师有必要冤枉你吗？""你从不相信我说的话。"初一新接班第一次家访，与一家三口第一次见面，便听到父女间几轮类似的对话。相似的场景在很多家庭中上演。孩子要么不爱和父母说话，要么说不了几句就顶嘴，搞得父母和孩子心里都不痛快，整个家庭的氛围因此变得阴云密布。家里有个爱顶嘴的孩子，父母到底该怎么办呢？

首先，父母如何看待孩子顶嘴的行为是问题的关键。

如果父母认为孩子顶嘴就是冒犯家长，是挑战家长的权威，是一种非常不礼貌的行为，必须坚决打压下去，无非导致三种结果。一种结果是父母赢了孩子，却伤了孩子的心。孩子被父母强硬的态度压制住，在他的力量不足以与父母抗衡时，他会选择忍气吞声，减少与父母的交流，避免冲突；第二种结果是孩子赢了父母，他几次一哭二闹甚至将顶嘴升级为肢体冲突，父母只好认输，承认自己教育的失败；第三种是双方势均力敌，谁也说服不了谁，结果两败俱伤。三种结果中没有一种能实现父母想要帮助孩子解决顶嘴问题的目的。

父母以积极的心态看待孩子顶嘴的行为才能静心专注于解决问题。德国心理学家安格利卡·法斯博士说："隔代人之间的争辩，对于下一代来说，是走上成人之路的重要一步。"顶嘴行为是孩子生理发育和心理发展到一定阶段的结果，是青春期正常的表现。抽象思维的发展，使得他们的思维具有了批判性，不愿再对父母所说的话、布置的任务唯命是从。顶嘴不是坏事，顶嘴的孩子说明有自己的思想，善于思考；顶嘴的孩子更勇敢，勇于挑战父母的权威；顶嘴的孩子心态更阳光，不把负面情绪藏在心里，善于排解情绪；孩子顶嘴的行为还能为父母提供自我反思的机会。孩子顶嘴的背后想表达的究竟是渴望被看见、被关注的感受；还是我长大了，要自己做主的呐喊；还是就为了宣泄对父母教育方式的不满。如果父母能解开顶嘴行为背后的这些密码，不仅可以解决顶嘴问题，同时对于改善家庭中的亲子关系也是一个机遇。

其次，孩子顶嘴时，父母要先处理自己和孩子的情绪，再来解决问题。

孩子顶嘴，如果父母不能够率先做出表率，不能够冷静面对，就会给孩子带来负面"影响"，把情绪传递给孩子。在双方情绪激动的情况下，根本无法进行有效沟通，对话就会变成对话语权的争夺。而如果父母能把目标锚定在抓住机遇、解决问题上，拿出"你急我不急"的心态，孩子的怨气也好、怒气也罢就不会被拱起火来，顶嘴这一行为便不会发生。回到文章开头的例子，从班主任这个旁观者的角色，我能感受到父亲想对孩子表达的是：爸爸妈妈爱你，我们在努力改正我们过往的不恰当的教育方式。我们给你指出不足，是想帮你尽快解决目前学习中存在的课堂听讲的问题，变得更加自信。但孩子接收到的信息却是：你在第一次见面的初中班主任面前翻旧账，一点不顾及我的情面，哪里是要改变教育方式的态度；你相信数学老师的告状，为什么不听听我的解释就批评人，你根本没有顾及我的感受。如果爸爸能把"你确实做错了，我能不管你吗？"这种不给对方说话的机会，先盖棺定论的说话方式改成真诚交流的句式："爸爸脾气急，遇事过于急躁了，没有考虑到你的感受。这点爸爸要向你道歉。初中的课堂上咱们还会遇到听不懂的情况，你想怎么解决呢？你需要爸爸妈妈怎样支持你？"即使再叛逆的孩子，听到父母类似的表达，想必会感受到被尊重、被理解，会逐渐收起像刺猬一样竖起来的刺，卸下防御，和父母好好说话。当然，爸爸前后两种不同的表达，改变的不是话术的问题，而是亲子之间是管理者与被管理者的关系还是平等的成长共同体的理念问题。

最后，孩子顶嘴时，父母要引导其学会用更合理的方式表达诉求。

俗话说：心有戒尺，行有所止。父母鼓励孩子不逆来顺受，有意见、有不满及时表达出来、宣泄出来，但不等于父母可以放任孩子，想怎么说就怎么说，不考虑对方的感受，没有了边界感和底线意识。在家中经常跟父母顶嘴的孩子，在学校一般也容易与同学起冲突、与老师顶嘴。父母的教育责任就是要建立边界，在孩子心中构建这把戒尺，让他懂得"有所为，有所不为"。例如，父母应该允许孩子大胆地表达："我不认可你们的建议，我认为……某事让我觉得受到了区别对待，心里很不舒服。"而不是扯着嗓子质问父母："凭什么你们说什么我就要做什么。你们都可以做这件事，我怎么就没有权利做？"爱顶嘴的孩子有自己的思想、爱讨论，父母可以常和孩子就某件事情进行讨论交流，如果有不同意见，父母可以给孩子提供建议。同时告诉孩子不同选择可能导致的后果，让孩子自己做决定，并让他知道既然选择了就不能推诿、逃避责任，就要对自己的决定承担责任。

孩子的顶嘴行为从积极心理学的角度看，并非坏事，对孩子来说是成长的机会，对父母而言是自我反思的机会。父母以柔克刚，以有益于孩子成长这个"不变"的目的应孩子"万变"的外在表达形式，先处理好自己的情绪再来解决孩子的问题。孩子的问题，究其原因，其实很多是父母的问题。改变孩子的顶嘴行为不如先从改变父母自身的脾气做起，毕竟父母的榜样示范，是最高级的家庭教育！

04 | 批评的目的不在于批而在于改
——怎样批评孩子才会有效果?

金无足赤,人无完人,每个人都会犯错。十几岁的孩子心智还不够成熟,犯错误更是难免的事情。孩子就是在不断地试错、纠错的过程中汲取教训、获取经验,不断成长的。面对孩子犯下的大大小小的错误,家长常常有这样的烦恼:说重了,孩子逆反,甚至和大人顶嘴,对着干;说轻了,孩子又会左耳朵进,右耳朵出,根本没当回事。所以一个问题反反复复解决不了,积陋成习。家长究竟该怎样批评孩子,才能达到帮助孩子改正错误的目的呢?

首先,批评的前提是家长明晰批评目的,能控制住情绪。

当孩子犯错时,有些家长往往容易情绪激动。批评的嗓门越来越高,说出的话越来越难听,如果此时孩子也处在情绪失控的边缘,双方互不相让,就很容易让场面失控。很多因为亲子冲突产生的恶性事件,给当事家长内心造成终生难以弥补的遗憾,值得深思。

批评的目的不是宣泄情绪,而是解决当下孩子遇到的问题。比如你明明想要解决的是孩子成绩不好的问题。而你用的语言却是:"你看你的成绩都差到什么样了?你自从上初中以来,成绩方面就没让我省过心。人家某某某同学原来水平和你差不多,现在你脱了鞋也追不上人家了。开家长会我都不好意思抬头看老师,被你丢死人了。我不舍得吃,不舍得穿,给你请老师辅导,你都学到哪里去了……"唠叨、把自家孩子和他人比较、翻旧账都是批评的忌语。

孩子从这些语言中感受到的是家长更在乎自己的面子、对付出没有得到回报的埋怨，而丝毫没在意他内心的失落和无助。常言道："良言一句三冬暖，恶语伤人六月寒。"如果批评教育运用得适切，可以成为激励孩子成长的力量，但如果家长批评孩子张嘴就来，让情绪控制了理性脑的思考，不讲究方式方法，非但解决不了问题，每一次类似的批评反而会使亲子关系更加恶化，会使得问题越来越糟糕。

其次，请注意批评的"两不原则"。

第一是不当众批评孩子。有些家长批评孩子不分场合，以为批评的语气越严厉、越在人前批评，越能显示自己对孩子不护短，孩子越难堪就越容易长记性。这部分家长忽略了青春期的孩子非常在意周遭的人对自己的评价。同样的话回到家和他一个人讲，他有可能听得进去。但当着众人的面被家长数落批评，让他在外人面前丢了面子，他的内心充斥着对家长这一行为的抗拒，即使批评的话再有道理也不会有效果。教育家约翰·洛克说："父母越不宣扬子女的过错，则子女对自己的名誉就越看重，因而会更小心地维护别人对自己的好评。"我们家长不能一边抱怨单位里领导批评自己时一点儿不讲究语言艺术，不给自己留情面；一边却用同样的方式对待自己深爱的孩子。等孩子拜家长所赐，变得麻木，不再在意外来的诸多负面评价时，你又批评他没有自尊心。所以，为了孩子，请做到当众不责。

第二个原则是批评只针对孩子做错的事不针对人。例如孩子在学校里和同学发生了矛盾，没有控制住激动的情绪，先动手打了人，然后和对方撕扯在一起，所幸被老师及时制止，双方均未受伤。家长得知此事后，当然应该就孩子遇事不冷静、先动手打人及可能造成的严重后果进行严厉批评；但不能因此就上纲上线，批评孩子是个粗鲁、野蛮的人。一件事情做错了，改起来容易。一旦归为品性的问题，改起来可就难了。孩子怎么会产生改正错误的内在动力呢？这样的批评无疑是自己在给孩子纠错的道路上设置障碍。

最后，请在批评的同时表达对孩子能改正错误的信心。

批评孩子的目的不是宣泄大人的情绪，也不是让孩子对做的错事心生愧疚之情，而是要达到知错必改，在错误中学习的目的。有了这样的认识，家长在面对孩子做错事的时候，就不会意气用事，就能够心态平和地解决问题。如果孩子考试成绩不理想，家长不妨试试以这样的方式来与孩子沟通："你先分析分析这次考试的具体情况吧，对此次成绩的满意度分 1 ~ 5 五档的话，你给自己打几分？我之所以批评你是因为你没有拿出对自己负责任的态度来对待学习这件事。每天写作业看似写到很晚，但成绩还是原地不动，这让我有些意外。我也很担心这样的成绩会不会打击到你的自信心。令我欣慰的是你给自己打了 1 分，这说明你的抗挫折能力还不错，还没被困难吓倒。从今天开始，学习的时候不要再关房门了，你学习我在房间看书。我们的手机都放在客厅，学习一个半小时，中间休息时我们才能动手机。在作业记录本上记下每学科作业用时，以便提高学习效率。学习中遇到困难集中一个时间段我和你一起学习解决。我相信这样坚持下去，下一次阶段性考试的时候，你的成绩一定会提高的。"这样的方式，是不是会帮助孩子找到问题所在，并有了明确的努力方向了呢？如果批评的方式对了，对孩子来说，父母的批评也是一种爱。

毛泽东主席曾经说过："人不能没有批评和自我批评，那样一个人就不能进步。"批评是家长伴随孩子成长过程中必不可少的教育方式。正确地批评孩子并监督改正措施的落实，相信孩子的人生之路会因为智慧父母的陪伴，越走越顺畅，越走越幸福。

05 | 做孩子成长道路上的喝彩者
——怎样表扬孩子才会有效果？

    美国教育家约翰·杜威曾经说过："人类本质里最深远的驱策力就是希望具有重要性，希望被赞美。"清代的颜元曾言"数子十过，不如奖子一长"。恰到好处的表扬对人的激励作用是难以估量的。一个赞许的眼神、一个温暖的拥抱、一句鼓励的话语都可能使人如久旱逢甘霖，唤醒内心强大的潜力。但在现实的家庭生活中绝大多数孩子听到的批评、说教远比表扬、鼓励多。一个学生曾经这样吐槽自己的父母：我考 99 分，爸妈会问为什么没考满分，一分扣在哪里？好不容易考到 100 分，他们又会问：是不是题目很简单，班上有多少同学考满分？整个级部多少同学满分？告诫我不要骄傲。我再努力也达不到父母要求的高度。与绝大多数家长不同，也有少部分家长推崇赏识教育，除了自己身体力行外，也会请老师拿放大镜发现孩子的优点、多表扬孩子，结果又把孩子培育成温室里的花朵，风吹不得、雨淋不得。

    家庭教育中表扬孩子的效能未得以充分发挥的原因是多方面的。很多父母受自己原生家庭或传统观念的影响，认为惩罚是促使孩子改善行为的有效手段。为了避免孩子自负，或是快速解决当下的问题，必须通过打压、耳提面命的方式来教他们分辨对错，明晰方向，而忽略了这种解决方式长期作用于孩子身上的后果。受表扬成了一部分孩子生活中的奢侈品，甚至因此影响到了他们性格的发展；也有的家长不了解孩子心理发展的规律，表扬没有针对性，总是用"你真棒！你最聪明！"等泛泛而谈的句式表扬孩子。时间久了，孩子就会"如入芝兰之室，久而不闻其香"，对父母的表扬产生了免疫力。父母盲目的表扬造成的更糟糕的后果是：这部分孩子在现实生活中碰壁时产生的自我否定以及对父母评价的不信任感。

表扬孩子不是父母的随性之举，要想让表扬恰到好处，达到激励、唤醒的目的，父母除了要避免踩到误区，不断更新家庭教育观念外，还要结合孩子的个性特点，选取适宜的表扬方式。

首先，表扬要落实到孩子具体的行为，并让孩子感受到父母发自内心的支持和肯定。

让我们以孩子期末考试成绩进步明显这件事情为例，看看不同的表扬方式产生的不同效果。第一位家长："儿子，老师在家长会上表扬你的成绩比期中有了大幅提升，妈妈为你感到开心和骄傲。我就知道我儿子学习能力是很强的。想要什么奖励？妈妈给你。"这样的表扬方式家长陈述了孩子的行为，也有父母的感受。但存在的隐患是使孩子过度关注学习结果而非学习过程。因为妈妈骄傲的、奖励的都是成绩进步这个结果；孩子如果盲从于家长的外部评价，对自己缺乏清晰的认知，就会满足于目前的学习状态，把进步归功于自己的聪明才智。第二位家长："儿子，祝贺你实现了考前给自己制定的目标。你的努力换来了今天成绩的突破。爸爸妈妈都为你感到开心和骄傲。能和我们分享你这次成功的秘诀吗？"通过这样的表扬方式，孩子能深切感受到父母看到了自己努力的过程；启发式的反思会鼓励孩子总结阶段性的经验，并找到下一步的努力方向。如果父母把"能和我们分享你这次成功的秘诀吗？"这句话改成："如果下次考试还能继续进步就好了。"则变成了父母提要求、压担子，孩子内心良好的感受会大打折扣。

其次，重点表扬孩子有待进步的方面。

父母表扬孩子的常规做法是夸奖其取得的进步、取得的成绩。其实越是有待改善、提高的方面，越能彰显表扬的价值。同样一个事物，当你着眼于消极面时，目光所及之处就都是缺点、问题。而当你换个角度，着眼于积极的方面时，消极的方面就会被忽略。因为你看到什么就会得到什么。如果一个孩子不爱做家务，父母不是唠叨他太懒，看见瓶子倒了都不知道扶起来，而是今天夸他下楼的时候接过了妈妈手里的垃圾袋，明天夸他的书桌比前一天更整洁。用不了多久，那个啥也不干的小孩儿就会勤快起来。如果一个孩子养成了边写作业边听歌的习惯，你说了吵了都无济于事，那不妨试试夸的方式。"你今天写数学作业的时候没有听歌，作业比平常提前完成了半小时。""今天我发现你把听歌的时间放在了休息的时间。学习、娱乐两不误，这样的做法很赞啊！"表扬孩子考验的是父母的教育智慧，同时也考验父母的耐心。

最后，建议不拘泥于口头表扬的形式。

除了口头表扬外，根据家庭和孩子的实际情况、表达习惯、表扬时的具体情境，父母还可以选择其他的形式。一次击掌、一个拥抱、一个比心的手势等都可以传达给孩子语言无法比拟的爱的力量。偶尔出现在床头、书桌的一张温馨小卡片、一封来自爸妈的表扬信会帮助孩子破解父母爱的密码、汇聚积极向上的巨大能量。

初中阶段的孩子对自我的认知多来自外部评价。所以请父母不要吝啬对孩子的表扬。做孩子成长道路上的喝彩者，锚定表扬的目标、选准表扬的角度、丰富表扬的形式、锤炼表扬的语言，助力孩子悦纳自我、挖掘潜能、健康成长。

06 | 享受和孩子的专属时光
——如何高质量地陪伴孩子？

"陪伴是最长情的告白。"提到家庭教育，"陪伴"是一个绕不开的关键词。经常有家长困惑地问：孩子升入初中，每天大部分时间都在学校里，晚上回家的几个小时都是在学习、写作业，家长该怎样陪伴呢？或者我们夫妻俩工作都很忙，能投入孩子身上的时间和精力相对要少，该怎么陪伴？还有家长反映：我每天开车送孩子上学、接他放学，周末也基本做到了全程陪伴，可孩子非但不感恩，还很烦我天天跟着。父母究竟要怎样做才能称为高质量的陪伴呢？

首先，陪伴是指父母的身心都和孩子在一起。

陪伴不是陪同，不是花时间待在孩子身边就可以了。"伴"字从造字结构上看，指的是成为一个人的另一半。爸爸、妈妈陪伴孩子的亲子时光要像和同伴、和伙伴在一起一样分享快乐、分担忧愁，其乐融融。如果大人一边陪孩子、一边处理手头的工作，一边陪孩子、一边刷朋友圈，一边陪孩子、一边和其他家人说着话……这样的陪伴即使时间再长也没有意义，甚至会起到反作用，招致孩子的反感。因为大人的行动给孩子的直观感受是：我没有你的那些事重要，你对我的陪伴不是出自真心。学生小刘曾在给妈妈的信中直白地表达了自己的心声："关于学习，您在我房间陪我学习我没有意见。可我想要的不是坐在身边刷一整晚手机、累了再说我几句的妈妈，而是一个和我一起学习、互相监督的同伴。"

真正的陪伴是父母静下心来，和孩子有交流、有互动，全神贯注地投入共同的活动中去。高质量的陪伴不在于时间的长短，即使父母工作再忙，每天有哪怕短暂的 10 分钟、20 分钟独属和孩子共享的时光，都足以传递父母内在的能量和对孩子的心理支持，让孩子的内心因此变得丰盈，有抵挡风雨的力量。

其次，陪伴不等于陪读和陪练。

提及陪伴孩子，很多家长的第一反应是陪孩子写作业、陪孩子练琴、陪孩子上课。其实陪伴不是家长单向地付出，履行做爸爸、妈妈的义务。陪伴的目的是使孩子能够身心健康、快乐地成长，将来成为一个自食其力的人、一个对他人、对社会有用的人；同时家长在陪伴的过程中见证孩子成长的幸福，享受为人父母的快乐。但很多的父母，随着孩子一天天长大，随着周围竞争环境的日益激烈，在孩子身上寄予了太多的希望，逐渐忘记了养育孩子的初心，忘记了陪伴的目的，将家庭教育的主要精力放在了指导孩子学习，纠正错误思想和行为，培养爱好、特长上，父母无形中扮演起老师、教练的角色，混淆了家庭教育和学校教育的不同职责。例如，同样是抓孩子阅读这件事，一个家庭采取的是给孩子规定每天阅读的页数、一周检查一次摘抄和读书笔记的形式；另一个家庭采取的则是亲子共读的形式。读的过程中父母和孩子经常就所思、所想交流彼此的观点。两种读书形式反映出的是不同的家庭教育理念。有共读习惯的家庭培养出来的孩子，待若干年成人之后再回忆过往的时候，可能脑海中还会闪过那些和爸爸、妈妈一起安静读书、快乐分享的瞬间，并且将这种亲子陪伴的美好经历在自己未来的小家庭中传承下去。

最后，陪伴是满足孩子的心理需求而不是家长的一厢情愿。

陪伴的前提是家长了解孩子的性格特点及心理特点。孩子在不同时期需要的陪伴形式自然是不同的。初中阶段是孩子成长的关键期，父母的陪伴更为重要。这个阶段是生命过程中一个极为特殊的时期，生理发育非常迅速，两三年的时间就会完成身体各方面的生长发育任务，并基本达到成熟水平；但相对于身体发育，其心理发展的速度相对缓慢，自以为是大孩子了，但其实思想上还很不成熟。初中生处在身心发展的不平衡状态，从而容易引起种种心理发展上的矛盾，遇事容易冲动。爸爸、妈妈了解到孩子这个阶段的特点，就不能再用小学阶段陪伴孩子的方式来陪伴，也要做到"与时俱进"。全天候保姆式的陪伴给小孩子的感受可能是父母的悉心照顾，是无微不至；而对于初中阶段的孩子感受到的则可能是被监控，是窒息、失去自由，所以他非但不感恩，反而觉得父母不尊重自己，不理解自己的想法，从而造成亲子感情疏离。

　　有些父母喜欢把自己认为好的东西强加给孩子，把好好的亲子时光弄得彼此都没有了兴致，甚至不欢而散。比如孩子的生日，父母提前订好了饭店，通知了爷爷奶奶、姥姥姥爷，还精心准备了生日礼物，却唯独没有提前和孩子商量，想给他一个惊喜。可孩子想要的生日是和三两好友痛痛快快玩上一天，再一起简单吃个饭就行。如果此时双方都站在自己的角度考虑问题，认为自己的做法没有错，那很可能就会针尖对麦芒，不但生日没过好，还把家里搞得硝烟弥漫。因为没有提前商量，问题摆在这里了。那家长不妨这样真诚地和孩子沟通"不好意思，孩子。爸爸妈妈只想着给你惊喜了，忽略了你的感受。过生日，你是主角。你给出个解决方案吧！"初中阶段家长的陪伴应该由"牵着孩子走"变为"跟着孩子走"，遇事多和孩子商量，尊重孩子的想法。

　　"教育好孩子，是父母一生中最重要的事业。"初中阶段，父母能够陪伴孩子的时间已经逐渐减少了。随着孩子进入高中、大学、踏入社会，孩子与父母更会渐行渐远。所以，请耐下心来、静下心来、用心地陪伴孩子。孩子一定会爱上家长的陪伴，父母也会享受到见证孩子成长的天伦之乐。

07 | **思想意识和方式方法同步走**
——父母如何避免总是指责孩子？

    一日游览四川博物馆。熙攘的人流中，一位爸爸对着 10 岁左右儿子的指责声让我忍不住侧目。"刚刚看过的展品，现在就什么都记不住，说不上来了。带你参观博物馆有什么用？"没有听到男孩的反驳声，只见他跟在爸爸身后，一副无精打采的样子。公共场所中，类似的场景其实并不罕见。在日常的班主任工作中，也经常有家长询问：自己忍受不了孩子的某些行为习惯，经常因此指责他，但不见效果，该怎么办。每当此时，总会很心疼那些被父母的负面情绪、负面语言裹挟着或屈服或压抑或反抗的小孩儿；同时也在思考为什么很多父母会经常不分场合、不分时间地指责孩子？面对孩子的不当行为，父母有没有更科学的解决方法？

    首先，"指责型"父母要率先改变自身的教育观念。

    父母对孩子都有期待。当孩子的表现满足不了自己的期待时，不少父母就会"以爱之名"去批评、指责孩子。孩子小的时候，对此还无力还击。青春期的孩子，自我意识觉醒，面对父母的指责、说教便不再逆来顺受。这种情况下，父母和孩子之间就很容易产生冲突，让亲子关系变得紧张、疏远甚至对立。"冲动型"的孩子还可能因此产生离家出走等更加过激的行为，令父母追悔莫及。

    "指责型"父母对孩子的伤害虽然是无形的，但却是巨大的。父母指责的语言像把刀子，非但没有帮到孩子，反而损伤了孩子的自尊心。父母的出发点基于认为孩子做得不妥，希望孩子修正自己的行为。但孩子感受到的则是被否定，是一种"我在你们眼里就是个笨小孩，我做什么都做不好！怎么做都达不到你们的要求"的受挫心理；一个孩子从三岁左右开始产生自尊感，如果父母总是使用指责的方式来处理问题，会严重伤害孩子的自尊。指责非但不能帮助孩子从思想上认识自己的错误，反而可能产生"破罐子破摔"的心理；在被父母不断否定、被指责的原生家庭长大的孩子，很可能要用一生来疗愈不幸的童年，并且很可能在未来自己为人父母教育子女的时候，投射在心底的阴影。

那个在博物馆被爸爸当众指责看了就忘的男孩，会因为大人的批评更加专注地欣赏后面的展品吗？当然不会。他恐怕再无游览的兴致，甚至每到一地旅行，也没有了参观博物馆的兴趣吧？如果这位爸爸能意识到自己脱口而出的几句话，只是宣泄了自己的情绪，而没有解决任何问题，反而可能扼杀了一名未来的优秀讲解员、博物馆馆长或是考古学家，他会不会反思：是孩子的观察力、记忆力有问题，还是自己的高期待本身超出了孩子的认知水平？这样的期待本身是否有违参观博物馆的初衷？樊登老师曾经分享过他的育儿心得：他每天和孩子共读《古文观止》，没有布置背诵任务，没有翻译、复述的任务，只是单纯享受读书的过程，给予肯定和鼓励。孩子的语文成绩，在不"鸡娃"、不上任何课外辅导班的情况下依然拔得头筹。

教育的本质是唤起孩子的主观能动性，让他们释放天生具有的自发性。要解决孩子的问题，父母必须先行一步，从改变自己错误的教育观念、教育行为做起，而不是不计后果地任由情绪脑代替理智脑，让孩子在指责声中变得越来越茫然无措、形成讨好型人格或是报复心理。如果父母意识到指责的语言过激了，给孩子造成了伤害，与其后悔，不如放下父母的架子，真诚地向孩子表达歉意。

其次，父母尝试接纳自己的情绪，表达情绪，采用先扬后抑的方式解决问题。

父母看到孩子表现出的种种不良行为，根据情节的严重程度呈现生气、愤怒甚至想要暴跳如雷的情绪都是正常的生理、心理反应。如果父母为了避免亲子冲突，采取逃避的态度，对孩子的错误视而不见，只能让孩子在错误的道路上越走越远。父母看见问题，产生情绪时，没有必要自我否定，压抑情绪。当然也不能任由情绪随意宣泄，这样做虽然处理了情绪，但解决不了问题。父母不妨先悦纳自己的情绪，把情绪用语言表达出来，待心情平复之后，再思考为什么、怎么办的问题。父母采用先扬后抑即先赞扬后引导，或者启发孩子自己解决问题的方式不失为明智之举。

例如孩子制订的假期计划不能落实的问题就很常见。孩子明明在计划中罗列了 10 项任务，可只完成了其中的 5 项。此时妈妈与其大发雷霆，把自己又要工作又要做家务又要监督孩子学习的委屈一股脑儿发泄在孩子身上，把家里搞得鸡飞狗跳，不如如实地告诉孩子："妈妈看到你今天只完成了一半计划，很不开心，甚至有些忍不住想发火。因为妈妈担心拖延会让你的假期计划很难完成，并且养成拖延的习惯。给我 5 分钟的冷静时间，我们再来讨论该怎么解决这个问题。"待情绪缓和之后，不妨再这样开启对话："前些天你的日计划执行得很好，甚至还有几次超额完成了任务。今天是什么原因让效率大打折扣呢？分析给妈妈听听。"在这样平和的氛围之下，孩子才能理性地复盘一天的时间安排，找到解决问题的方案。在这个过程中妈妈可以适时引导，让孩子意识到完成计划是她自己的事情和责任，不能如期完成，就要自己承担相应的后果，并且协助孩子解决任务完成过程中遇到的困难。

是人皆会犯错，孩子更是在修正错误的过程中不断成长。因此，面对孩子出现的种种不如人意的状况，父母首先要做好自我心态的调整，意识到事事指责给孩子造成的巨大伤害，拒做"指责型家长"；然后再运用适合孩子身心发展特点的、科学的方法解决问题。这样，孩子从父母身上习得的不仅是解决问题的能力还有处理负面情绪的能力、让自己更加幸福的能力，会受益终生。

08 | 当以尊重为原则　莫把惩戒当体罚
—— 父母惩戒孩子该注意哪些问题？

表扬和鼓励是家庭教育中倡导的主要教育方式，也是符合孩子身心健康发展规律的教育方式。但表扬和鼓励的功能不是万能的，当孩子犯了错误，自然需要家长对其错误行为进行批评，甚至惩戒，毕竟"没有规矩不成方圆"。但惩戒也需要讲究方式方法，尤其对于青春期的孩子，一旦惩戒不当，不但起不到规范其言行的作用，还可能催生孩子的逆反情绪，引发亲子之间的矛盾。鉴于此，父母应该对在惩戒孩子时注意的问题做出思考。

学校教育中同样也存在惩戒的度应该如何把握的问题。自 2021 年 3 月 1 日起教育部施行的《中小学教育惩戒规则（试行）》，在很大程度上解决了学校对学生违规违纪行为管理过度或者不敢管理的问题。该规则明确了对学生较轻、较重、影响恶劣的违纪情节可给出的相应惩戒措施：从点名批评到给予不超过一周的停课或停学，要求家长在家进行教育管教等，为学校及教师对学生违规违纪行为进行惩戒提供了遵循。2022 年 1 月 1 日《中华人民共和国家庭教育促进法》正式实施，在该法第十七条家庭教育的方式方法中罗列了九种方法，尽管"惩戒"一词未被纳入其中，但第九条中的"其他有益于未成年人全面发展、健康成长的方式方法"对监护人惩戒子女的行为进行了法律认同。

惩戒的性质与体罚完全不同。惩戒的目的不是伤害孩子而是让孩子学会承担责任，为自己的行为负责，促进其更好地成长。所以惩戒必须以尊重为原则，针对的是孩子做错的事而不是人。惩戒可以根据孩子的年龄、家长和孩子双方的约定，采取不同的手段，但前提都是不能侵害到孩子的身心健康。而殴打、辱骂等体罚行为则是父母对自我情绪的宣泄和放任，是家庭教育中绝对禁止的行为。严重的家庭暴力如果触犯了《中华人民共和国未成年人保护法》还会受到法律的制裁。

家庭中父母对子女实施惩戒的效果取决于亲子关系的质量。亲子之间建立起信任的关系，孩子才会在错误行为面前勇于承认自己的问题，心甘情愿地接受惩戒，也才能谈及效果的问题。如果亲子关系的基础是剑拔弩张的，再合理的惩戒措施在孩子心里也会变了味儿，还可能造成父母与子女之间更深的隔阂。有研究表明，权威民主型家庭的孩子成才率最高。所谓权威民主型家庭简单而言指的是父母对子女严格要求和理解尊重相结合的家庭。所以在日常生活中，父母要强化孩子的规则意识，让他知道父母的原则和底线在哪里，培养孩子遵守规则的习惯。实施惩戒之前，父母和孩子之间要对规则达成共识，在双方意见存在分歧的情况下，父母单方面实施惩戒，对孩子来说就有失公允。比如父母和孩子经过协商约定好了上学日每天使用电子产品的时间不能超过半小时，而且作为一条家庭公约明确了下来，那么如果孩子哪天违约，父母就应该对其实施惩戒，如可以要求他负责照顾家里的小乌龟一个月、扣除当月三分之一零花钱、取消周末看电影的活动安排。当然即使孩子违背了规定，在惩戒之前，父母也应该给孩子陈述理由的机会。如果孩子确有学校布置的临时性任务，需要上网查阅相关资料，也要告知孩子类似情况需要提前和父母报备。如果就是因为自律性差，玩过了头导致超过了时限，父母在肯定孩子诚实的优秀品质的同时，要温和而坚定地执行惩戒措施，以此强化规则意识和责任担当意识。

让孩子学会承担事情的自然后果是在［美］简·尼尔森写的《正面管教》一书中介绍到的一种很实用的惩戒方法。"自然后果是指自然而然地发生的任何事情，其中没有大人的干预。"让孩子承担自然后果的前提是父母要先决定自己怎么做，并把自己的决定明确地告诉孩子。比如父母从孩子上初中的第一天起就告诉孩子：每晚睡觉前整理好自己的书包、带齐第二天上学需要的各种物品是他自己的事情。如果没有照做，造成的漏带课本、作业或是其他任何物品的后果都要由他自己承担，父母不会因为他可能因此挨批评或者给当天的学校生活带来不便就把东西送到学校。更为关键的是，父母要在行动上坚决执行自己说过的话，不因为孩子的反复央求或者心疼孩子就妥协。父母的一次妥协就会使前面所有的坚持都前功尽弃。刚开始孩子可能会对父母的决绝有所埋怨，但几次不愉快的体验下来，他就学会了自己为第二天上学做好充分准备，解决了很多同龄人初中三年都解决不了的类似问题。

著名教育专家孙云晓把家庭教育中对孩子的惩罚称为"高难度的教育艺术"。既要让孩子承认自己的过失并对过失行为承担起相应的责任，在这个过程中又不能伤害到孩子的尊严，让他因此变得更加逆反，这对父母来说是个比较难的命题。就像在学校教育中即使有了《中小学教育惩戒规则（试行）》作为行动指南，在真实情境中，如何实操依然是学校德育工作以及教师在学生管理中需要用心解决的问题。但相信家长以爱为前提，把握好权威兼民主的方向，通过不断实践与反思，运动科学合理的方式来惩戒犯了错的孩子，就会对他起到正确的规范作用，促进孩子的全面发展与健康成长。

09 | 鼓励表达　恰当表达
——如何引导孩子学会表达情绪？

最近，读到一个新词"夏季情感障碍综合征"，俗称"情绪中暑"。联想到暑假在家，耳边时而传来的小朋友的哭声，妈妈斥责孩子的咆哮声，偶尔还有伴随着吵架声以及乒乒乓乓的摔东西声。原来，天热除了导致人会中暑，情绪也会中暑。凡是人，都会有情绪，人的情绪如同四季，自然交替。情绪分为积极情绪和消极情绪。但无论喜、怒、哀、惧都属于人的正常情绪。如果一个孩子被人无故欺负不愤怒、陪伴多年的小狗丢了不悲伤、不可抗拒的危机来临也熟视无睹、无所畏惧，反而是件很不正常的事情。情绪本身没有好坏之分，但情绪引发的行为有好坏之分，行为引发的后果更会有好坏之分。要让孩子的负面情绪有个出口，保持良好的人际关系，家长有必要引导孩子学会以合适的方式表达情绪，提高情绪管理能力。

首先，帮助孩子疏导情绪，而非压抑情绪。

有消极情绪不是问题，问题是情绪上来时不恰当的表达方式。就像"踢猫效应"故事中的父亲，因为在公司受到了老板的批评，回到家把愤怒的情绪发泄到妻子身上，结果产生一系列连锁反应，造成司机避猫不急，撞伤路边无辜孩子的惨痛结局。

很多家长没有搞清楚情绪和情绪表达是两件不同的事情，不允许孩子有负面情绪。比如有些自尊心强的女孩，上了初中看到自己成绩下滑，会着急难过地哭鼻子。有些家长就会说："哭能解决什么问题。有哭的功夫，还不如多做几道题！"孩子抱怨弟弟总在家里跑来跑去，让人心烦。家长会说："他年龄那么小，不懂事。你关上自己的房间门不就行了，这点鸡毛蒜皮的小事有什么可计较的！"每当孩子表达情绪的时候，父母都站在自己的角度给出类似否定的评价，就可能给孩子造成误解。面对问题，我就不该有负面情绪；有了情绪，也应该自己消化，说出来，不但解决不了问题，反而还会被指责。

一个人长期处于情绪压抑的状态，对身体的伤害是可想而知的。老话说的"积郁成疾"不无道理。倘若长期人为地压抑情绪，当情绪积累到一定程度，超过个体承受的极限时，就会给自己或他人带来严重的危害。一个人压抑的情绪，通常会表现为向内攻击和向外攻击两种方式。向内攻击，会表现出过度自责、抑郁；向外攻击，则会表现出脾气暴躁、攻击他人，严重的还有可能会报复社会，伤及无辜。所以，当孩子出现负面情绪时，家长的做法一定不是否定、压制、打击甚至贬低。要清楚地认识到消极情绪对孩子是有益的，是他认识自我、提高情商、学习成长的好机会。在理解的基础上，父母还要尊重孩子的情绪表达，学会共情。因为我们不是孩子，感受不到他当时的生气、失望、绝望等的情绪。不要拿成人的眼光去评判孩子的内心世界，要给孩子提供一个安全的环境，让他能够放心地以不伤害他人也不伤害自己的方式给情绪找一个出口。

其次，引导孩子找到适合自己的情绪表达方式。

孩子从小学升入初中，面对新的环境、新的老师、新的同学、新的学习任务，每个孩子的适应能力不同。但在这一过程中，势必会感受到一定的学业压力或是人际交往的压力，产生烦闷、焦虑甚至是恐惧的情绪。所以父母要提前做好自己的心理建设，知道有情绪是再正常不过的事情，对孩子既不能否定、压制，也不能跟着着急上火，更不能看到孩子总是闷闷不乐甚至乱发脾气就认为孩子出现了问题，忙着找心理医生来干预。建议父母帮助孩子悦纳自我，接纳情绪，不必着急让情绪消失，而是找到适合自己的宣泄情绪的途径。

根据年龄、性别、性格的不同，适合个人的情绪表达方式是不同的。父母不要认为孩子都上初中了，动不动就哭，尤其是男孩儿，受了点委屈就哭，是很没有出息的表现。哭是一种很好的自我保护方式。家长要引导孩子把悲伤、失望、懊悔的情绪随着泪水宣泄出来，内心就会轻松舒服很多。有些人只记住了这句话的上半句："男儿有泪不轻弹"却忽略了它还有下半句"只因未到伤心处"。家长还可以引导孩子为自己的负面情绪找个"出气筒"。男孩儿可以打沙袋，女孩儿可以使用枕头、玩偶，只要能保证孩子的安全就好。还有其他的倾诉法：把诱发消极情绪的事情说给信任的家人、朋友听，还可以用文字的形式把它记录下来。如果孩子找父母倾诉的话，父母的主要任务是让孩子表达情绪，做好听众就好，不要急于给出建议。父母还可以使用注意力转移法，让孩子通过做喜欢的事情，比如跑步、画画、听音乐、赏风景方式先把情绪宣泄出来，再用平和的心态重新审视问题、理智地解决问题。孩子每一次主动表达情绪，对他来说，都是一次学习与成长。

情绪控制能力是社会情感能力的重要内容之一，比起智商更能影响一个人的成功率和幸福指数。父母只有站在孩子的角度去看待问题，思考问题，才能真正听到孩子内心的声音。父母首先要有能力管理好自己的情绪，创造温馨有爱的家庭环境，才能引导孩子将负面情绪放入"回收站"清空，保持积极心态，快乐学习，健康成长。

10 | 平等交流　同频沟通　巧妙设问
——父母如何说，孩子才爱听？

　　语言的力量从来都不容小觑，它既可以成就人，也可以伤人甚至毁人。现实生活中，不少父母对孩子怀着最深的爱，却说着最伤人的话。父母不经意间脱口而出的话一刀一刀地割出亲子间的裂痕，也一句一句地毁掉和谐的亲子关系。很多家长苦恼于很难和青春期的孩子有效沟通，认为孩子越大越不听话，其实很多时候不是孩子不爱听，而是家长说话的内容、场合、语气、方式，让孩子不爱听。面对自主意识、独立思想不断增强的孩子，父母究竟该如何说，孩子才爱听呢？

一、平等交流，让语言有温度

　　亲子之间有效沟通的前提是心灵的平等，父母尊重孩子作为独立个体的存在。不要认为孩子年龄尚小，想法过于幼稚，就剥夺他锻炼自我成长的机会，总是对孩子指指点点、唠唠叨叨，试图通过讲一堆的大道理来改变孩子。美国著名心理学家托马斯·戈登博士在《父母效能训练》一书中写道："有很多在亲子关系中陷入麻烦的父母，都是那些是非观念极其强烈且严格的人。他们对自己的价值观和信仰越是确信无疑，就越有可能强迫孩子接受他们。"而亲子之间的聊天一旦变成父母单方面的输出、说教，势必会引起孩子的反感，非但达不到父母预期的交流效果，还会恶化亲子关系。

把主语由"你"变成"我"可以让语言更有温度，孩子更愿意听。比如："你今天怎么又这么晚才到家？""你必须多吃点蔬菜。""你需要抓紧时间写作业了。"这些语言背后表达的都是父母的关心，但在孩子的角度听来，"怎么又、你必须、你需要"等字眼让他感受到的未必是爱，反而是指责、命令。同样的意思父母不妨这样表达："我很担心你的安全，以后放学别耽搁，按时回家好吗？""我特意赶早市买的蔬菜，很新鲜，多吃点对身体好。""我相信你能合理安排晚上的时间，既保证学习质量又能保障充足的睡眠时间。""良言一句三冬暖。"父母心中明明有对孩子浓浓的爱，那就不妨直抒胸臆，好好说每一句话，话语间传递爱，让孩子感受到爱。

肢体语言、语音语调比起说话的内容更能影响沟通的效果。和孩子聊天的时候，父母即使再忙也要放下手头的活，眼睛看着孩子，倾听的时候身体稍向前倾，专注的神情会带给孩子被尊重的感受，激发他表达的欲望。拍拍孩子的肩膀、后背，竖个大拇指来个热情的拥抱，都会在特定的场景带给孩子语言无法比拟的力量。

二、同频沟通，让语言有深度

人际关系理论把人与人之间的沟通分为五个层次，由浅入深依次是打招呼、说事实、谈想法、谈感受、完全敞开。保持和孩子良好沟通的秘籍就在于跟孩子同频沟通，不急于发表自己的意见和建议，这样沟通才能进入更深的层次。比如孩子上语文课没有带语文书，被老师批评了，内心很沮丧。我们看看同频沟通和非同频沟通会有怎样不同的效果。

非同频沟通的场景是这样的：

孩子：妈妈，我今天很倒霉。（表达感受）

妈妈：什么事情让你感觉很倒霉呢？（询问原因）

孩子：我忘记带语文书就够倒霉的了，而且被语文老师发现了，她竟然为这点事上课的时候批评了我。她至于这么小题大做吗？（说事实，谈想法）

妈妈：你这是暑假玩疯了吧！刚上初一，开学没两天，你就上课不带书。老师不该批评你吗？你给老师、同学会留下什么坏印象？你这孩子怎么一点儿都不要好呢？每天晚上都嘱咐你好好整理书包，你怎么就不听呢？（唠叨、说教，和孩子的感受不同频）

孩子：被老师批评就够倒霉的了，跟你说这事就是自讨没趣！以后学校发生的事情我再也不回来说了。（沟通渠道被关闭）

妈妈：我还说不得你了。你这孩子真是越大越不像话了！（继续说教）

孩子愤然离开谈话现场。锁上房间门，拒绝让妈妈进入，留下妈妈独自一人在客厅生闷气。同样的一件事，我们再来看同频沟通又会是怎样的场景：

孩子：妈妈，我今天很倒霉。（表达感受）

妈妈：从你一进门我就观察到你很不开心的样子。什么事情让你感觉很倒霉呢？（回应感受，询问原因）

孩子：我忘记带语文书就够倒霉的了，而且被语文老师发现了，她竟然为这点事上课的时候批评了我。她至于这么小题大做吗？（说事实，谈想法）

妈妈：老师上课的时候批评了你，让你感觉丢了面子，所以你认为自己很倒霉，不开心？（共情孩子的感受，回应感受）

孩子：是啊！就我一个人为这事挨批，多没面子啊！（感受被理解）

妈妈：那假如你是老师的话，遇到类似的事情你会怎么处理呢？（引导孩子站在老师的角度理性思考问题）

孩子：我觉得我可能会下课再单独找学生说这事。（谈想法）

妈妈：那你觉得老师为什么没有采用这种方法呢？（表达想法，引导孩子独立思考）

孩子：我现在有点理解老师了。她也是为我着急。老师就带书的事情提醒过多遍了，我确实不应该上课连书都没有。我以后要养成晚上认真整理书包的习惯。（同频沟通帮助孩子自我反思问题，找到解决方案）

三、巧妙设问，让孩子愿意听、愿意说

在成人的社交生活中，会遇到一些人经常把天聊死，气氛瞬间变得微妙甚至尴尬。在亲子关系里，青春期的孩子也不是都会变得不愿意和父母沟通交流，父母的思维习惯、说话艺术从中起着关键性的作用，同一件事，父母不同的设问，会决定着沟通的走向。比如，初一的孩子第一天上学回到家后，很兴奋地告诉父母自己很开心，因为在新的班级里结识了一个聊得来的朋友。如果父母听后这样说"先别聊朋友的事，快说说课上的怎么样？能不能听得懂，跟得上？"估计孩子的兴奋劲会像被浇了盆凉水，马上没了说下去的兴致，甚至还会丢下句"真扫兴，只会聊学习"便钻进自己的房间，不叫不出来。如果父母能换种方法，做到和孩子共情，这样说"太好了，第一天上学就能交到朋友，我们也很为你开心。快说说，你们都聊什么了，这么投缘？"孩子肯定会滔滔不绝地把话题继续下去。在轻松愉悦的聊天氛围中，即使父母对交友问题提出建议，孩子也会乐于接受，而且有了如此良好的聊天体验，孩子怎么会对父母关闭心门，疏远父母呢？

会聊天，是父母必备的家庭教育技能。爸爸妈妈们，与其羡慕别人家的孩子听话，不妨自己行动起来试一试吧。在和上了初中的孩子说话的时候，只要父母做到平等交流、同频沟通、巧妙设问就能让语言有温度、有深度，让孩子愿意听、愿意说。

品行培养篇

CHARACTER DEVELOPMENT CHAPTER

11 | 教做人　养习惯

——家庭教育究竟该教什么？

　　家庭是人生的第一所学校，家长是孩子的第一任老师。家庭教育是一项持续时间久、涉及问题多、承担使命重的浩大工程。作为第一责任人的父母，究竟该在家庭教育中教什么才能确保这项"育人工程"的质量，达成"立德树人"的根本任务呢？

一、父母从思想意识上不能让家庭教育越位

　　孩子的成长离不开家庭教育、学校教育、社会教育"三位一体"的育人环境。三者的教育功能有重合之处，但各自又有独立、明确的分工。但现实生活中，很多父母尤其是初、高中孩子的父母对家庭教育的诠释主要还是抓孩子的学习。近两年，学校课后服务的全覆盖开展，在方便了家长的同时使得家庭教育在时间维度上相对缩短；"双减"政策的全面落地，从国家层面上，目的是要把学生从繁重的课业负担及课外补习负担中解放出来，保障学生的身心健康成长。但落地执行的过程中，有些父母对孩子的学业焦虑却有增无减。在家学习的时间少了，就要求孩子更要提高效率，多"抢"点时间回来；国家要求减掉的负担通过家庭教育再把它"加"回来，不能让孩子输在中考、高考的起跑线上，成为很多父母的执念。一项全国调查显示，52.5%的家庭教育仍

然着重"为孩子安排课余学习内容";34.6% 的家庭在"陪着孩子做功课"。这在很大程度上反映了当前许多家庭，在育儿功能上存在的"越位"或"错位"现象。

二、家庭教育的重中之重是教孩子如何做人

2022 年 1 月 1 日起实施的《中华人民共和国家庭教育促进法》使得家庭教育摆脱了家长随性而为、在实践中摸索的状态。像学校教育一样，家庭教育变得有据可循、有法可依。该法规定："家庭教育以立德树人为根本任务，培育和践行社会主义核心价值观，弘扬中华民族优秀传统文化、革命文化、社会主义先进文化，促进未成年人健康成长。"具体到自己的家庭中，父母就要考虑家风建设与传承的问题，考虑为孩子立什么样的德，父母树什么样的人的问题。著名教育家陶行知先生曾说过"千教万教教人求真，千学万学学做真人"。尽管很多父母都知道"先做人，再做事"这样朴素的道理，都知道教孩子如何做人的重要性，但不是所有父母都能在家庭教育中践行这个道理。只要孩子学习好，就一好遮百丑，什么都好的错误理念为孩子未来的人生之路埋下诸多隐患；只要学习成绩不好，就是孩子不好，没出息，拿自己孩子的劣势去和别人家孩子的优势比，越比越丧气。殊不知，每个孩子的优势智能不同。况且，成绩的优劣与未来的成功与否也不能画等号。孩子的成长比成绩更重要，做人比分数更重要。

教孩子如何做人，不是靠父母说教说出来的，一定得益于在家庭中长期的耳濡目染。爸爸妈妈工作再忙、生活再忙碌，也经常和自己的父母通通电话，带着子女去看望老人，孩子便懂得了孝顺；夫妻间遇到矛盾，能各自站在对方的角度考虑问题，协商解决，孩子就知道了包容的可贵；不高高在上、不夸夸其谈，还常常请孩子给自己上上课，学学新技能，孩子就学会了谦逊；答应家人的事情，便会设法克服困难，决不食言，孩子就会有样学样，做到讲诚信。而培养一个集感恩、诚信、勇敢、包容、谦逊诸多优秀品质于一身的人，

是家庭教育的成功。所以育人者先育己，正己方能正人。

三、家庭教育的主要内容是培养孩子的习惯

作家巴金说过："孩子成功教育从好习惯培养开始。"均衡饮食、早睡早起的生活习惯；承担家务、健康上网的行为习惯；积极探索、勇于创新的思维习惯都是家庭教育的主要内容。以参与家务劳动为例，不少家长认为初中生的主要任务就是学习，做家务这种事情没有什么技术含量，长大需要干的时候自然就会了。父母多承担些，不让孩子为学习之外的事情操心，也是对孩子一种爱的表达方式。所以直接把劳动教育从家庭教育的内容中剔除了出去。到了学校，这种在家里一点家务不干的孩子的劣势就会明显显现出来：因为不会照顾自己，书本摆放没有条理；不知道劳动的不易，不珍惜他人的劳动成果；没有责任意识，眼里没活儿，分配的劳动任务不能高质量完成；这样的孩子在集体生活中很难得到同伴的认可。所以是否承担家务劳动关系到的不仅仅是一个劳动习惯的养成问题，还会产生"蝴蝶效应"。如果通过让孩子承担力所能及的家务劳动这件事，加上父母激励性的语言，让孩子体验到自己对于家庭的重要性、体验到自己不可取代的价值感，那就太物超所值了。

教育始于家庭。父母的教育理念、教育方法、教养方式直接影响着孩子的现在以及未来。所以，请父母务必承担起对孩子实施家庭教育的主体责任，锚定方向，用正确的思想、方法和行为去教育孩子，帮助其养成良好的思想、品行和习惯。家庭教育教会了孩子什么，孩子就极有可能成为那样的人。

12 | 生命安全教育是家庭教育中的重要一课

——怎样规避危及生命安全的风险？

周末开车外出，目睹了一起交通事故。在一条双向三车道的道路上，两个车道的车辆在等交通信号灯。突然一个十几岁的瘦瘦的女孩从非人行横道冲出来想穿过马路，在跑过两排停着的车辆后并未减速观察，直接与右转行驶中的小轿车撞个正着。车头与女孩身体相撞形成的巨大冲击力把她推出六七米远，女孩俯卧在地没有了动静，司机靠边停车后下车查看事故情况。

事故后续不得而知，但目睹的事故全过程一整天在头脑中挥之不去。女孩出事时身边没有家人，当她父母得知这样的消息会是怎样晴天霹雳的感受？女孩会不会因为这个无心之举殃及生命？活下来的话她的命运会不会因为这十几秒的行为发生彻底的改变？作为母亲，我的第一反应是停下车后先给只身一人远在国外求学的女儿发去信息，再三提醒她注意交通安全、人身安全。作为班主任的我当即把所见所感以文字形式发到班级微信群，希望能够唤醒更多学生及家长的安全意识、危机意识。

据报道我国每年有 1.6 万中小学生因为安全问题非正常死亡，其中溺水、交通事故排在死亡率的前两位。自杀是青少年非正常死亡的另一隐形杀手。中国科学院心理研究所发布的《中国国民心理健康发展报告（2019—2020）》数据显示：24.6% 的青少年患有抑郁症，轻度和重度抑郁分别占比 17.2% 和 7.4%。

抑郁症的检出率随着年级的升高而上升。青少年的生命安全教育需要得到全社会的广泛关注，作为监护人和家庭教育责任人的父母更是责无旁贷。

一、教孩子掌握安全知识和技能，增强自我保护意识和能力

家庭是人生的第一所学校，家长是孩子的第一任老师。家庭生活中父母对儿童的教育和影响，对其良好行为习惯的培养发挥着基础性作用。自 2022 年 1 月 1 日起施行的《中华人民共和国家庭教育促进法》第十六条关于家庭教育的内容中明确指出："关注未成年人心理健康，教导其珍爱生命，对其进行交通出行、健康上网和防欺凌、防溺水、防诈骗、防拐卖、防性侵等方面的安全知识教育。"但现实生活中，不少父母存在重智育轻其他能力培养的思想。认为学习好才是真的好，和孩子说话三句中两句离不开作业、离不开成绩；缺乏危机意识，以为危险离自己孩子很遥远。对学校布置的看安全平台视频、参与安全答题的作业不重视，能为孩子代劳就代劳，自以为这样做是节约了孩子的时间。

交通事故中的女孩之所以酿成惨剧，首先是为了少走路，横穿马路，没有走斑马线。其次可能是为了赶在绿灯亮车辆通行前穿过马路，采取了奔跑的方式。即使她突然发现了来车也根本来不及反应，司机也来不及做出快速处置，而且跑的速度加大了撞击力，加重了其受伤害的程度。

如果每一位家长从孩子小时候每一次带他外出都身体力行践行"宁等三分，不抢一秒"；哪怕再赶时间，都要牵着孩子的手多走上几米，在斑马线前"一停二看三通过"；走路从不看手机，不戴耳机；即使在无车辆通行的情况下遇到红灯也耐心等待，告诉孩子遵守规则、珍爱生命的重要性。长年累月这样做我们是否就可以把安全的种子撒播在孩子心间，规避很多交通隐患了呢？

二、生命教育从了解孩子，建立起信任关系做起

2020 年，武汉一位妈妈因孩子在学校犯错，被老师叫去沟通。事后妈妈

在学校走廊当众责骂掌掴了儿子，儿子几分钟后原地跳楼，抢救无效身亡；还是 2020 年，上海一位妈妈因儿子和同学发生矛盾被老师叫到学校协商解决问题，开车回家路经卢浦大桥的时候，她和儿子起了争执，儿子盛怒之下跳桥结束了自己年轻的生命；2023 年 2 月失踪 106 天的胡鑫宇案真相大白，系抑郁导致其用鞋带自缢身亡。一个个血淋淋的教训在催人深思：孩子们的生命为什么变得如此脆弱？大人该拿什么来拯救我们的孩子？

其实，每一个选择结束自己生命的孩子都不是偶发事件触发的激情之举，之前都有这样或那样的求助征兆，只是被大人一遍遍忽略漠视了。当无助、无奈、无力的负面情绪累积到一定程度，爆发也就成为必然的结果。

孩子在初中阶段正处于生理、心理、社会化发展的加速期，遇到这样那样的问题是再正常不过的事情。孩子遇到问题时是否愿意向父母倾诉，求助于父母，取决于他对父母的信任程度。孩子如果不信任你，自然不想告诉你。他只有觉得你能帮到他，觉得你可靠，遇到事情才会主动告诉你，寻求你的帮助。2020 年发生在武汉、上海的这两起事件的起因有很多相似之处，孩子在用生命报复漠视践踏他自尊的母亲、一个遇事情绪不能自控的母亲。他们用如此极端的方式也的确做到了让母亲花余生的时间为自己的行为后悔。

父母子女一场，不要等到和孩子说不上两句话就争吵的时候，等到偶然发现孩子手臂上满是他用小刀划的伤痕的时候，等到孩子患上焦虑抑郁的时候才意识到问题的严重性。接受孩子的平凡，毕竟不平凡的孩子只是凤毛麟角，毕竟我们父母绝大多数都是平凡人；越内向、敏感、对自己有要求的孩子在情绪长期得不到释放的时候越容易出现问题。所以多关注孩子的情绪状态，即使对于孩子的问题给不出高明的解决办法，一句"说来听听"或是"我理解你此刻的心情""我相信你有能力妥善解决这个问题"都可以让孩子感受到来自父母支持的力量、来自父母无条件的爱的力量。

生命安全教育是家庭教育中最重要的一课。在生活中教给孩子安全知识、生存的技能、家长言传身教让孩子感受到爱与尊重。相信孩子就会有能力、有力量规避生活中的各种风险，长成我们期待的健康快乐的模样。

13 | 与其关注体育成绩不如培养运动习惯
——孩子体育成绩不好怎么办？

　　青岛市从 2017 年入学的初一学生开始，将中考体育与健康学业水平考试以总分 60 分计入一组合成绩。其中三年的过程性评价占 30 分，初三下学期教育局统一组织的目标效果测试占 30 分。但受新冠疫情的影响，2022、2023 届毕业生都取消了目标效果测试，相应成绩按满分 30 分计入的学生中考第一组合成绩。随着疫情的结束，一切生活秩序恢复正常，一些体育成绩不好的学生家长开始四处打听：以后体育中考的方向是什么？有没有可能像语数外一样计入总分？要不要从现在起就让孩子抓紧训练体育中考的各个项目？有没有必要请个私教带一带孩子？

　　在父母的催促声中，在体育中考的"指挥棒"下，越来越多不喜欢运动、不擅长运动、懒得运动的孩子走进了运动场、操场。但中考之后呢？以分数为目标的运动，可能转化为孩子一段时间内坚持的动力，却很难形成兴趣，他们中的绝大部分人还是会恢复原样，把自己"宅"起来。而有研究结果表明：一个人如果从小不爱运动，长大了便很难养成运动习惯，而不爱运动的人，生命质量自然会下降。"生命在于运动"，家长与其纠结于当下的体育成绩能否通过突击训练多得几分，不如放眼于孩子终身的生命质量，帮助孩子培养运动习惯。

　　孩子对于运动的喜好在很大程度上取决于父母的态度。蔡元培先生说：

"凡德道以修己为本，而修己之道，又以体育为本。忠孝，人伦之大道也，非康健之身，无以行之。"习近平总书记提出"要坚持健康第一的教育理念"。运动不仅仅能够强健体魄，还能帮助孩子收获健康身心和健全人格；运动能够提升人的愉悦程度和情绪管理能力；运动还能提升孩子的合作意识和社会化水平。

相信每个孩子在最初降临人世间的时候，父母最期待的都是生一个健康的宝宝。可随着孩子一天天长大，尤其上了初中，当学习和运动的天平摆在面前的时候，不少父母内心的天平倾向了"智"，而非"体"，认为运动一天不做没关系，但书不能一天不读。2021 年中国青少年研究中心对全国 6 座城市 4 000 多名青少年的调查显示，只有两成多青少年每周运动 5 次以上，而且年龄越大，运动次数达标的比例越低。家庭作为孩子的第一所学校，应该营造起"健康第一"的育人环境，杜绝运动"说起来重要，做起来次要，忙起来不要"的现象。父母从内心认可培养孩子运动习惯的重要性，才有可能把这件事情做成、做好。

父母为孩子树立榜样，家人共同参与运动，培养孩子对运动的兴趣。对运动不感兴趣的父母很难培养出热爱运动的孩子。父母每天忙完，就往沙发上一坐，或往床上一躺，嘴里却催着孩子又是跑又是跳的。孩子即使喜欢运动，时间一长，也会想：既然运动这么多好处，爸妈自己怎么不做，只知道天天催我呢！相反，如果父母自己经常运动，孩子天天看得到父母健康的生活方式，不需要父母耳提面命讲运动的好处，孩子也会自觉自愿地融入其中；父母尽可能地丰富运动的形式，让孩子有选择运动方式的机会，爱上运动。比如春天全家一起春游、放风筝；夏天一起游泳、骑车；秋天一起爬山、远足；冬天一起滑冰、滑雪。共同参与运动不仅能够锻炼身体、陶冶情操，还能拉近亲子之间的距离。这些美好的画面，相信会烙刻在孩子心底，成为一生珍藏的美好回忆。有研究表明，运动过程中释放的去甲肾上腺素可以唤起人的注意力，提高学习效率。运动增加了人与外部世界接触的机会，丰富了人的各种体验和经验，有利于促进思维能力的发展。所以陶行知先生主张："生活教育即以社会为学校，自然教室的范围，不是在房子里，而是在天地间。"家长认为初中不同于小学，学业紧张，把课余绝大部分时间都要求孩子用于课本知识的学习巩固是很不明智的选择。

运动习惯的培养贵在坚持。无论是跑步、游泳、打球、跳绳还是其他运动要坚持下来，成为习惯，都不能是三分钟热度，"三天打鱼两天晒网"。培养运动习惯既需要孩子有兴趣愿意做，又需要有毅力，持之以恒。家长可以和孩子一起制订计划，固定每天或每周运动的时间，计划一旦协商制订下来，就坚定地执行，不能以今天有事情，明天不舒服为由让计划成为一纸空文；当然仅靠家长的权威去强迫孩子执行运动计划肯定不行，家长要想办法激发孩子的内驱力，让他觉得有必要克服困难把这件事情坚持下去。比如建议孩子邀请几个志同道合的伙伴每周末早晨一起跑步，大家相互督促，相互鼓励。初中孩子的心理特点是不肯轻易服输、乐于竞争，尤其是在自己擅长的领域，团队的力量更容易帮助孩子克服惰性；鼓励孩子多参加比赛，通过比赛来检验自己的实力。成功的体验会让孩子更加自信，朝着"更快、更高、更强"的目标努力。如果比赛失利，那就帮助孩子调整心态，找准目标，重新再来；父母还可以给孩子提供精神上的支持，让孩子看到运动给自己带来的变化，主动将运动固化为自觉的行为。

现代奥林匹克之父顾拜旦在《体育颂》中说："体育，你就是乐趣！想起你，内心充满欢喜，血液循环加剧，思路更加开阔，条理愈加清晰。你可使忧伤的人散心解闷，你可使快乐的人生活更加甜蜜。"父母与其焦虑孩子当下的体育成绩，不如从现在起培养他对运动的兴趣，养成终身运动的习惯，为孩子体魄和人格的全面健康发展筑牢根基。

14 | 疏胜于堵　自律胜于他律
——孩子迷恋手机怎么办？

　　手机像是一把双刃剑，在带给我们便利、快捷、多姿多彩的生活的同时也是无数家庭亲子矛盾的导火索。轻者父母孩子之间的手机之争不眠不休，手机夺走了家庭中美好的亲子时光。重者孩子沉迷网络、荒废学业甚至影响到了身心健康发展。"手机在手，孩子可以不吃、不喝、不睡。"经常听到沉迷电子产品的孩子家长这样形容。那么为什么在这个年龄段，如此多的孩子迷恋手机，家长又该怎么解决这个问题呢？

　　小A是性格比较内向的一个男生。初中刚入学时成绩偏弱，在家长答应期中考试成绩能提升到班级中游就给换个高配置手机的物质刺激下，果然奋发图强了一段时间，成绩如愿，家长也信守了承诺。但从此小A开始迷恋上了打手游、刷视频、听歌、聊天。父母经常发现他凌晨过后还在玩手机，初一的时候还藏在被子里玩，尽量不被父母发现。到初二父母再管直接和父母动手，两次激烈的冲突后父母就败下阵来，彻底管不了了。尽管我多次和小A交流，也多次劝父母在家庭教养方式上做出积极的改变，但父母似乎没意识到自身的问题，虽然求助于心理医生、老师，但自身行动上还是很无奈地接受了小A的现状。小A晚上熬夜熬到眼睛通红但还能正常上学，基本完成作业的状况坚持到初三上学期。寒假期间小A彻底失控，各科作业不做，把情况反馈给家长，这时候父母已经无计可施，只能听之任之了。

大部分孩子不会发展到像小 A 这样沉迷手机、无法自拔的地步，但边写作业边听歌、借故看班群查资料延长手机使用时间、朋友圈屏蔽家长、关着门在自己房间学习时手机不离身，随时关注各种消息是不少初中生的家庭生活写照。家长不管，这种状态肯定会影响学习质量；管严了没收手机，或导致孩子行动上的消极抵抗或加剧亲子冲突，使得不少家长陷于"管与不管"的两难境地。

要解决这一问题我们首先要想明白很多初中生之所以会迷恋手机的原因。

首先，玩手机可以减压，暂时逃离现实。

青春期的孩子，既有身体快速发育和自我意识觉醒但个人权利得不到满足的烦恼，又面临初中学业和升学压力的陡增，在层层重压下，手机在有些孩子看来是唯一的通气孔。通过这个孔可以听听喜欢的歌、看看喜欢的视频、和三两朋友聊聊天、打打游戏或看看外面不一样的世界。小 A 由于把大把的时间花在手机上，学业成绩早就亮起了红灯。对于中考，对于未来，他不是不想，而是不敢想，不愿想，也想不出头绪。所以他选择把烦恼搁置在一边，戴上耳机，沉浸在自己的舒适区，手机成了他暂时的心灵避难所。

其次，手机是青春期孩子的主要社交媒介。

青春期孩子最重要的心理任务是发展自我认同的能力。这个阶段的孩子多是借由同龄人的眼光来确定自我的价值，给自己定位。没有手机的孩子，会担心没有办法及时融入同龄人的社交圈，甚至会担心因为和他人没有共同的话题而被边缘化，失去朋友。

马斯洛的需要层次理论指出：人在每一个时期，都有一种需要占主导地位，而其他需要则处于从属地位。对于初中阶段的学生而言，社交需求和尊重需求是其主要的需求，当这些需求在现实生活中得不到满足时，就会将需求投射到虚拟的网络世界中。随着国家生育政策的放开，目前在校的初中生很多是家庭中的长子、长女。父母把一部分精力放在了照顾年幼的弟弟妹妹身上，跟老大则多是三句话离不开学习。这种情形下，跟父母和弟弟妹妹都没有共同语言的老大，就更渴望利用手机扩大、巩固自己的社交圈。

马斯洛需要层次示意图

了解了初中生迷恋手机的原因，相信多数家长便能以相对平和的心态，甚至反求诸己的心态来解决问题。我们大人的工作、生活一天也离不开手机。要求孩子与网络绝缘等于蒙上了孩子看世界的眼睛，未免矫枉过正。所以家长对于孩子使用手机的问题不必过于焦虑，以免适得其反。但若孩子出现了沉迷网络的情况，则必须帮助其去瘾。有调查研究表明：缺乏支持性的人际关系是未成年人沉迷手机的根本原因。90%有网瘾的孩子追根溯源都和家庭有关系，尤其是与父亲关系不良有关。可以说孩子沉迷手机是家庭功能失调的表现，父母必须首先做出改变。

一、走进孩子内心，建立良好亲子关系

青春期的孩子受此阶段身体发育、心理发展的影响，内心非常敏感。家长简单粗暴的教育方式，由于工作、家庭压力等原因对孩子疏于关心，跟不上孩子成长的脚步，代沟严重，话不投机都容易使亲子关系变得紧张。家庭生活失去吸引力，没有良性的沟通都容易使孩子把精力转移到手机上来寻求心理上

的满足。家长要努力做到：了解孩子的内心需求，平等对待孩子，尊重孩子；生活中对孩子的言行及时肯定与鼓励，父母自身的改变一定会带动孩子行为的改变。越是给足孩子安全感的家庭，越是民主和谐的家庭，孩子越能自觉让手机"为我所用"。父母越信任孩子，孩子就越不会辜负这份沉甸甸的信任。

二、避免强行管制，激化矛盾

因为痴迷手机导致孩子学业退步、失学甚至产生心理问题，令家长苦不堪言。多数家长会采取家中断网、没收手机甚至摔碎手机的方式来解决问题，但这种治标不治本、只堵不疏的方式不能从根本上解决问题，反而会让孩子更加逆反，想方设法跟家长对着干，甚至出现私会网友、离家出走等更加难以收拾的局面。过度依赖手机的孩子缺乏的是自控力，不如设法由他律转为自律，以孩子为主，制定家庭手机使用公约，父母和孩子共同遵守公约，彼此互相监督。有父母做榜样，而且公约是自己参与制定的，严格遵守公约还能够得到家人的认可，孩子便会愿意迈出自我管理的第一步，逐渐减少使用手机的时间。

三、让生活充满情趣，转移对手机的注意力

李玫瑾教授在分析孩子沉迷手机和网络游戏的讲座中提到过"感觉单一，人就会痴迷"，即当一个人的注意力只在一件事情上的时候，就容易达到迷恋的程度，比如喝酒、练气功、网瘾也是一样的道理。所以，家长可以结合孩子以往的兴趣爱好，让他重新拾起来，周末假期多陪伴孩子做他感兴趣的事情，多创造些家人共度时光的机会。目的在于用一种充满魅力的且孩子喜欢的项目去转移他对手机的依赖。当生活变得有滋有味，丰富多彩，足以充实内心的时候，他自然就会把精力放回现实生活，做到合理节制地使用手机。

正如美国教育家鲁道夫·德雷克斯说过的那样，"一个行为不当的孩子，

是一个丧失信心的孩子"。不良行为是孩子试图在用一种密码告诉父母他们真正想要的是什么。希望家长朋友能够具备破解孩子过度使用手机行为背后密码的能力，让他们的生活、学习因为手机而变得更加丰富多彩。

15 | 做"狠心"的父母
——如何培养孩子的孝心？

　　近日，被班级中一位爸爸在朋友圈中晒娃的照片所吸引。九宫格中晒出的是一组一家三口回农村看望爷爷奶奶的照片。居中的一张，学生小李正坐在床边专心地给爷爷剪着脚指甲，老人开心的笑容挂满皱褶的脸颊。看着此情此景，在杜甫草堂遇到的温馨一幕也跃入脑海，人群中一位看上去四十几岁的儿子正搀扶着妈妈，边指着身边的各种景物边耐心地介绍着。身边一位10岁左右的小姑娘也牵着老人的手，跟着缓慢行进着。我忍不住在人群中多看了他们一眼，想把这温情的一幕留在心底，分享给我的学生还有我的家长朋友。

　　"百善孝为先。"《孝经》开篇中说："夫孝，德之本也，教之所由生也！"孝是一切德行的根本，是一切教育的出发点，是中华民族五千多年文明伦理道德的核心与基础。一个有孝心之人，便会做到"父母呼，应勿缓；父母命，行勿懒。""出必告，反必面。"言行举止，不会以自我为中心，会顾及父母的感受；而一个连父母、长辈都不懂得尊重、孝敬的人，不可能真心对身边帮助过自己的老师、同事、朋友心存感恩之心。当今社会，我们不提倡对长辈的愚孝，对"父母之命"不分对错都盲目地言听计从，但再民主的家庭也应该长幼有序，父母应该尊重孩子作为独立生命个体的存在，但孩子同样需要理解、尊重父母、孝敬长辈。然而现实生活中，习惯了父母的百般呵护，且认为享受其中理所当然的孩子不在少数。父母该如何为孩子补上孝心培养这一课呢？

一、"富养"孩子要适度，物质上要合理控制

"男孩穷养，女孩富养"是我们常常听到的一句话。但在绝大多数人的潜意识里，不管男孩女孩，父母都要在自己力所能及的范围内，给孩子提供最好的生活。哪怕自己苦点累点，凡是孩子提出来的要求，能满足的都尽量满足。殊不知，越容易得到的东西，孩子越不珍惜，更不会懂得感恩，而且会滋生孩子的攀比心理。量入为出，即使家里经济条件比较优越，也没有必要动辄花费上千块钱给孩子买件衣服，买双鞋子，给他造成一种错觉：认为父母给我提供这一切是应尽的责任，是天经地义的事情。一旦孩子形成了以我为中心、唯我独大的思维，想让他有孝心便是难上加难的事情了。

二、引导孩子从自我关注转变为对外关注

孝敬父母就要主动了解父母的需要，并主动满足父母的真正需要。而初中孩子的想法多是向内求，关注自我的需要：我已经很努力了，爸妈为什么总是看不见，还批评我？我上学多辛苦，放学多玩一会儿，爸妈就唠唠叨叨，他们就不能理解理解我吗？要改变这种现状，就要引导孩子在关注自己的同时，多关注家人的喜怒哀乐。班主任工作中发现一个现象：有些孩子对自己父母的工作知之甚少，有的知道父母的职业，但具体工作性质不清楚；有的初中生连父母的工作单位都说不清楚。孩子连爸爸妈妈每天在外忙碌什么都不知道，怎么可能理解父母工作的压力和辛苦。所以，建议亲子之间日常除了聊孩子的话题，父母不妨也可以和孩子聊聊自己的工作，聊聊工作中的开心或不开心的事情，工作性质允许的话还可以带孩子去父母工作的地方看一看，让孩子也能理解大人的不容易，继而学会为大人分担，而不是一味地索取。

三、父母从小事做起，培养孩子的孝心

培养孩子的孝心不是靠父母讲道理讲出来的，而是父母在日常生活中给孩子实践的机会，慢慢滋养起来的一种优秀的品质。比如明确家庭成员的分工，让孩子承担一定的家务劳动，还可以时不时地来个正话反说，"我有点事出去下，要稍晚点回来，我负责的碗你千万别管，放厨房就行！"说不定回来还能发现孩子主动把碗刷干净了的小惊喜；和孩子一块儿外出购物，用不着自己大包小裹两手占得满满的，"帮妈妈拎着这些，我好再挑点别的。""跟儿子一块出来买东西感觉真好！"几次下来，孩子就可能主动承担起外出购物拎东西的角色；饭桌上不再自己承包鱼头、鸡头，把好吃的都往孩子碗里夹，而是告诉孩子爸爸妈妈最喜欢的佳肴是孩子亲手做的。说不定孩子就记在了心里，某个节日的时候，美好的愿望就成真了呢！父母爱孩子要以促进孩子的成长为目的，而绝不能溺爱。

父母是孩子心中一首无言的诗。父母再懂教育的真知灼见，对孩子的影响都不及自己的榜样示范作用来得直接。在杜甫草堂偶遇的祖孙三代中的奶奶是令人羡慕的，有如此贴心的儿子陪伴左右是老人的福气。那位中年爸爸想来一定也是幸福的，因为女儿看到爸爸对待奶奶的样子就是女儿未来对待爸爸的样子。

孝是做人的根本。子女孝顺是父母最大的福气，也是子女立人、成事的根本。所以，爸爸妈妈们，请暂且狠下心来，物质上富养孩子，不如富养他的品性，从日常的小事做起，让孩子从要求"爸爸妈妈为我做什么"转为"我能为这个家做什么、我能为爸爸妈妈做什么"，那么我们就会在收获自己幸福人生的同时，成就孩子一生的幸福。

16 | 从努力成为高"乐商"的父母做起
——如何培养一个乐观的孩子？

工作中我们会发现，一个班级近五十名学生，每天面对的是一样的学习环境、学习任务和一样的老师、同学，有的学生每天把笑容挂在脸上，乐乐呵呵的；但有的学生则比较少见到眉目舒展、开开心心的样子；个别学生由于学业压力、人际交往等障碍，甚至出现了厌学的症状，到了不得不休学的地步。学生呈现出来的不同状态，和学习成绩没有多少关系，起关键作用的是他的"乐商"，即一个人的乐观水平与能力。快乐的人更容易感受到幸福，对生活、学习的满意度更高，心情好则身体更健康。希望孩子幸福快乐相信是每一位父母的心愿，如何培养一个乐观向上的孩子是摆在每一对父母面前的重要课题。

首先，建议父母善用积极的"解释风格"让自己和孩子变得更加乐观。

悲观的父母没办法养育出乐观的孩子。生活中我们发现打哈欠是会传染的，情绪同样也会传染。在一个家庭中父母遇到困难不悲观、不退缩，能做到"兵来将挡，水来土掩"，孩子在遇到挫折的时候也会跟着父母有样学样，勇敢地去解决问题。父母的心态影响着孩子的身心发展和内心的幸福感，做一个心态乐观的父母，能给孩子带去满满的正能量，孩子一生都会受益匪浅。但现实生活中不可能都是阳光雨露、鸟语花香，不如意之事十之八九，我们阻止不了"坏事"的发生，但我们可以掌控的是"坏事"来临时我们的心态。

"习得性乐观"是由美国积极心理学家马丁·塞利格曼提出来的。他认为你对身边事物的"解释风格"，也就是你怎么看待这件事情，决定了你是一个乐观的人，还是悲观的人。乐观者喜欢把"好事"解释成永久的、泛化的、与自己有关的原因，把"坏事"解释成暂时的、特定的、与外界有关的原因。而悲观者恰恰相反。比如孩子的某位老师很严格，经常很严厉地批评孩子给他指出目前存在的问题，孩子因此很沮丧，情绪低落。如果父母把这件事归因为老师不喜欢我们家孩子，老师经常批评孩子会让他变得自卑，这门学科只能越学越差，这门课成绩差会严重影响到总成绩，很可能孩子就考不上理想的高中，考不上好高中就上不了好大学，上不了好大学孩子一辈子就完了。父母一旦陷入这种负性的"解释风格"里，把想象的坏结果无限放大，甚至在没和老师沟通的前提下，采取诸如要求学校换老师这样过激的行为，非但帮不了孩子，只能让事态越来越糟糕。反之，如果父母把这件事解释为老师和家长一样对孩子有很高的期待，认为他目前还没有达到实际可以达到的水平。老师再通过一针见血指出问题的方式，帮助孩子尽快明确问题、解决问题。孩子理解了老师的良苦用心，不但不会对老师的严厉有情绪，反而会感激老师，让自己进步得更快。你瞧，同一件事情，父母两种不同的"解释风格"作用在孩子身上，结果是不是就会发生质的不同？而人对事情的"解释风格"不是先天就有，是可以通过后天强化训练习得的。

其次，父母民主型的教养方式有利于培养孩子乐观的品格。

想让孩子积极乐观、遇事处乱不惊，父母的教养方式至关重要。溺爱型的家庭中孩子想要什么父母给什么，尽自己所能帮孩子摆平生活中的一切障碍。但再有本事的父母都没办法做到无所不能。把孩子保护得过好等于剥夺了他自己锻炼成长的机会。一旦遇到解决不了的问题，这样的孩子更容易陷入悲观的情绪无法自拔。专制型的父母唯我独尊，说话办事处处以自我为中心，不注意方法、不考虑孩子的感受，与青春期的孩子相处势必引发关系危机，在不和谐的家庭环境中父母对孩子乐观品格的养成便无从谈起了。

想要帮助孩子解决问题，首先要以亲子间民主的关系为前提。孩子遇到困难才愿意向父母袒露心扉，才会放心地在父母面前表达情绪，宣泄情绪，父母才有机会在共情、倾听、接纳、理解的基础上帮助孩子有效地管理情绪，帮助他学会适应变化、面对挑战、在实践中不断提高"乐商"。比如鼓励孩子培养除学习之外的兴趣爱好，让自己的生活丰富起来。心理学研究表明，那些能花时间在自己喜欢的事情上，甚至达到忘我境界的人，往往能过上更加平静和满足的生活；允许孩子犯错，孩子就是在不断的犯错、纠错的过程中习得能力，不断成长的。父母对错误包容的态度，会减少孩子在挫折面前的无力感，激发他积极应对困难的内驱力；建议孩子养成每天记录生活中的积极事件的习惯，提高对幸福的感知能力。

最后，鼓励孩子在与他人的积极互动中提升"乐商"。

很多孩子容易陷在自己悲伤的情绪里无法自拔是因为过于封闭自我，缺乏与他人的交流互动，一件原本很小的事情在他那里就成了迈不过去的坎儿。所以除了与家人的良性沟通外，父母不要限制而是要鼓励孩子多参加集体活动，引导其在与他人的互动中学会尊重、学会分享、学会解决冲突和建立良好的人际关系、学会全面地看待问题和分析问题；鼓励孩子利用周末、寒暑假时间积极参与社会实践活动不断充实自我，通过参与公益活动、志愿服务活动，体验帮助他人的价值感，获得内心真正的充实与快乐。

瞿秋白说："如果人是乐观的，一切都有抵抗，一切都能抵抗，一切都会增强抵抗力。"所以爸爸妈妈们，请从善用积极"解释风格"做起，重视民主型家庭家风建设，鼓励孩子与他人积极互动吧。做高"乐商"的父母，才能养育乐观的娃儿。

17 | 让挫折成为孩子成长历程中的磨刀石
——怎样提升孩子的抗挫折能力？

　　人生的道路没有坦途。面对学业压力、考试焦虑、成绩不如意、人际交往障碍等困境，有些学生能够泰然处之，积极面对，甚至屡败屡战，愈挫愈勇；但也有很多学生面对挫折垂头丧气，一蹶不振，甚至精神颓废，悲观厌世。备受关注的"胡鑫宇事件"，再次给人们敲响了警钟。当今，抗挫折能力差已经成为阻碍青少年健康成长的重要原因之一。如何提升孩子的"挫折商"，培养孩子坦然勇敢地面对问题、解决问题，在磨砺中成长的能力，是很多家庭迫在眉睫、亟待解决的问题。

一、引导孩子正确理解挫折

　　"知"是"行"的基础。要提升孩子的抗挫折能力，家长首先要让孩子对挫折有正确的认知。正如月有阴晴圆缺，任何人的成长道路都不可能是一帆风顺的。失败和挫折是人生中不可避免的一部分，遇到挫折就要坦然接纳。总做温室里的花朵，经不起一点儿风吹雨打，势必会被"适者生存""物竞天择"的自然规律所淘汰。孟子有云："故天将降大任于斯人也，必先苦其心志，劳其筋骨，饿其体肤，空乏其身，行拂乱其所为，所以动心忍性，曾益其所不能。"

时下爆红的"与辉同行"的董宇辉，凭借丰富的知识积累和炉火纯青的表达火到"出圈"。中学时代，他也曾因为自己"撞脸兵马俑"的长相和不到170厘米的身高而自卑；为因腿部受伤，落下的学业而焦虑不安。可他心中有目标，凭借一边走路一边背单词，撞了柱子再爬起来，接着背的毅力，成功考取西安外国语大学英语系，为后来成为"新东方一哥"以及当今的顶流直播带货主持人奠定了坚实的基础。董宇辉不高大也不帅气，可这丝毫不影响他渊博的知识、正能量的引领散发出的人格魅力。

二、及时发现孩子的不良情绪并帮助其将挫折正确归因

每个孩子遇到挫折的时候，都会产生负面的情绪，但每个人的反应不尽相同。像胡鑫宇本就性格内向，又是住校生，尽管对新的学习环境的不适应已经导致了严重的心理失衡，但父母未能及时发现问题，拉他一把。学校每学年开学都会通过心理量表做心理筛查工作，也会碰到个别呈现出较为严重心理问题迹象的学生，家长对此并不知情。这就提醒家长们，平日里不能只盯着孩子的学习成绩，要真正走进孩子的内心世界，了解他的所思所想，关注孩子的情绪和行为反应。这样当发现问题的时候，才能有针对性地采取措施，帮助孩子一起走出困境。当孩子的情绪能很好地被父母接纳时，他也会渐渐接纳自己的负面情绪，通过恰当的途径来宣泄情绪，并在家长的支持下主动寻求解决办法，而不会选择以伤害自己或者攻击他人的方式来逃避问题或者让事态变得越来越难以掌控。

面对挫折，不同的归因会对孩子的行为产生不同的影响。我们需要帮助孩子寻找正确的归因方式，并进行训练，以便把挫折变为成长历程中的一笔财富。例如孩子苦恼于自己已经很努力了，可是学习成绩依旧是老样子，没有起色。如果他把原因归于任课教师的水平不行，或者自己学习能力就是赶不上其他同学，那他就很难有改变现状的动力了。因为老师的教学水平不是他能改变的事情；一个人的学习能力也不是一朝一夕或者一段时间内可以改变的事情，

这些属于稳定的内在原因。但如果父母能帮孩子认识到学习成绩没有提升是因为量变还没有积累到质变的程度，只要再继续落实课后的反思、不放过任何一道错题，不懂就问，查缺补漏，提高成绩一定是指日可待的事情。那孩子就能明确努力的方向，重新燃起再出发的希望。把挫折归于内因，孩子会钻入牛角尖，深陷其中，无法自拔；但换个角度思考问题，不纠结于不可控的因素，把握住可以有所为的外因，一样可以突破重围，走出困境。

三、父母以身作则，为孩子树立榜样

父母面对挫折表现出来的态度、行为对孩子有非常深远的影响。处在上有老人需要照顾、下有孩子需要养育、个人事业需要打拼的年纪，各种挫折和压力接踵而至，家长此时该如何应对？父母的情绪、态度、处理方式，自然会行不言之教，成为孩子日后处理类似问题的参照。如果父母遇到挫折能主动分析原因、和家人有商有量、自信从容面对，孩子遇到挫折时也就学会了分析原因，学习如何克服。相反，如果父母在外边遇到不顺心的事情，不能够及时调整，把坏情绪带回家，甚至迁怒于家人，看什么都不顺眼，乱发脾气。孩子在这样的环境中耳濡目染，很可能会成为父母的翻版，形成易怒型人格。

学生小李的父亲因突发疾病，在孩子初三寒假期间撒手人寰。孩子接受不了突如其来的打击，很长一段时间走不出家门，不愿上学，不知道该怎样面对接下来的中考，接下来的人生。这种情况下，孩子妈妈独舔丧夫之痛，一边独自打理着生意，一边耐心呵护、悉心陪伴女儿走过那段无比黑暗的日子。因为有一个内心强大的母亲，孩子中考如愿以偿，进入了自己理想的高中学校；相信有过这样一段经历，未来再没有什么困难可以阻挡她勇敢前行。

"宝剑锋从磨砺出，梅花香自苦寒来。"请和孩子一起解决成长过程中遇到的各种问题，而不是和问题一起击垮孩子。挫折是孩子成长历程中的磨刀石还是绊脚石，很多时候取决于父母的教育智慧。

18 | 家长越俎代庖要不得
——谁该为孩子自理能力差的后果买单？

一日数学老师在班级微信群里发了长段文字信息，内容是反馈多位学生在数次提醒的前提下上课没有带某本书，造成初三一轮复习第一节课效果不佳的问题，希望家长予以关注。作为班主任我跟进询问了原因，从学生那儿得到的答复：或曰早上匆忙，漏装进书包；或曰因两本书封皮颜色一样装错了书；还有个别学生称记错了作业，写了另外一本书的作业。十四五岁的学生出现这样的问题，我不禁愕然。

联想到几乎每天早晨在学校门口总能碰到有爸爸妈妈甚至是花白头发的老人在和身边两手空空的孩子做书包交接仪式，帮衬着把书包给孩子挎上肩膀，嘱咐上几句，再目送孩子的背影在校园里消失不见。

还有经常收到家长微信："孩子的水杯忘带了，我已送到传达室，请老师通知孩子去取。"物品从书到眼镜应有尽有。有的是孩子到校后发现漏拿东西通知家长来送，绝大多数则是家长收拾孩子房间发现后主动为之。尽管借班级家长会之机就此做过善意的提醒：孩子大了，自己的事情让他们学着自己去解决，但依然阻挡不了家长爱子心切之举。

想必有以上行为的家长没有思考过替孩子做本该他自己做的事、对孩子过度保护会产生怎样的后果。

首先，最直接的后果是孩子自理能力差。没有分类整理各科学习资料的习惯，没有对照课表每天睡前整理书包的习惯。卷子不会按要求往改错本上规范粘贴。桌面上、桌洞里物品摆放地乱七八糟，课堂上需要的书、本、卷子半天找不出来，文章开篇提及的数学课出现的情况也就不足为奇了；在家里不承担家务劳动，在学校餐厅就餐后就没有清理餐桌的习惯，自己产生的垃圾就不会及时清理，分配的扫地、擦地等简单工作也难以高质量完成；有甚者因为自理能力差难以习惯寄宿生活都影响到了高中、大学学校的选择，失去了更好的求学机会。

其次，剥夺了孩子独立解决问题的机会。居里夫人曾经说过"路要靠自己走，才能越走越宽"。以孩子忘记戴眼镜为例，若影响了看板书，看课件，孩子可以有多种途径解决这个问题：和班主任或任课老师沟通都可以得到理解，妥善解决这个临时性的问题，同时很可能会因此给老师留下孩子很重视自己学习的好印象。孩子本人也会因为这一天的经历汲取教训，用心改掉丢三落四的坏习惯；反之家长主动给送到学校，他会形成自己的疏忽总会有大人帮助善后的想法，对自己的错误不以为然，失去对自己行为负责的信念。有的孩子甚至认为父母这样做都是理所当然的，既不懂得感恩父母又为未来成长之路埋下诸多隐患。家长常常剥夺孩子以负责任的方式解决自己问题的机会，然后却反过来埋怨孩子，嫌弃他们没有养成好的学习习惯、生活习惯，没有责任感。此举值得家长朋友们深思。

再次，家长越俎代庖，不是在以正确的方式爱孩子，反而会对孩子造成非常大的伤害。当父母被"学生的任务就是学习，其他事都不用操心"的错误家庭教育理念裹挟，自认为对孩子倾其所能的时候，孩子反而会失去自我，培养不出"我能行"的信心和信念；当孩子总是由大人告诉他该做什么，不要做什么，而没有自己受尊重地参与解决问题的体验时，就无法发展那些有助于感到自己能行的技能，而自我效能感恰恰是影响一个人是否能健康、积极向上发展的关键因素。

　　爱孩子是父母的天性，父母爱孩子当然没有错。错的是无原则的、盲目的爱，忽略了孩子自理能力、自主精神、自立精神的培养，没有为孩子的未来提供自主发展的空间。建议父母在爱孩子的同时要保持理智，关爱适度，该放手的时候学会放手。这样孩子离开父母的那一天才有能力独自面对生活中的风风雨雨，勇敢阔步前行。

19 | 从承担个人及家庭责任做起
——如何培养孩子的责任感？

　　责任感是决定一个人能否立足于社会，能否获得家庭幸福与事业成功的重要因素。一个对自己有责任感的孩子，会做到无须他人提醒的自觉；一个对他人有责任感的孩子，会目中有人，做事顾及别人的感受；一个对集体有责任感的孩子，会主动履行职责，为集体贡献自己的力量；一个对国家、民族有责任感的孩子，会从小胸怀鸿鹄之志，担起中国少年之责任。所有的父母都希望自己的孩子成为一个有责任感的人。然而，太多的孩子偏离了学生的主业，不完成作业、厌学、把学习当成负担；以自我为中心，把父母、老师的付出视为理所当然，不懂得感恩；在集体中不想付出却安于享受"人人为我"；愤世嫉俗，这也看不惯、那也瞧着不舒服。这些都是责任感缺失的典型表现。要解决这些问题，除了全社会营造良好的育人环境，学校采取措施、加强教育外，父母更应该重视对子女责任感的培养，将其纳入家庭教育的主要任务之中。

一、父母首先要提升家庭责任意识，为孩子树立榜样

　　"孩子是父母的复印件。"对家庭、对社会没有责任感的父母，不可能培养出有责任感的孩子。而闲暇时喜欢读书的父母不大可能带出迷恋打游戏的孩子；孝敬双方父母的爸爸妈妈一般也不会带出忤逆的子女。上行下效，有责任

感的父母即使道理讲得少，通过行"不言之教"，孩子在潜移默化中便会习得"责任"二字的含义。

　　家庭是孩子成长的重要场所。作为父母，我们想要培养孩子具有责任心、懂担当，首先要提升自己的家庭责任意识。而我们很多父母，能看清楚孩子的问题，却意识不到孩子问题的根源可能就在自己身上。舍本逐末，越用力去解决孩子的问题，可能反而把孩子推得更远。例如有一位爸爸，苦恼于女儿喜欢推卸责任，总能把不良结果归咎于其他人或事。上学迟到了，女儿埋怨爸妈没按时把她叫醒；跑步比赛没拿到名次，埋怨运动鞋穿着不舒服。可深究造成孩子目前问题原因的时候，爸爸的理由竟然是自己工作太忙，孩子妈妈不懂得教育方法，没有把女儿教育好。甩锅的事件不同，但父女的思维逻辑是如出一辙。爸爸的想法不改变，不主动承担起父亲教育子女的责任，而总想着孩子能改变，怎么可能收到好的效果？有强烈责任感的父母，会不断自我反思、提升责任意识，从而影响、带动出一个有责任感的孩子。

二、明晰父母和孩子各自的责任边界，父母不越界担责

　　在很多家庭中，是家长的溺爱、过度保护，扼杀了孩子的责任意识，剥夺了孩子自己承担责任的机会。而如果孩子不能承担责任，那他就会永远生活在父母羽翼的庇护之下，他就永远长不大。一旦有朝一日孩子必须离开父母了，他就会寸步难行；一旦走向社会，他就会处处碰壁。而且人的普遍心理是越容易得到的越不懂得珍惜。父母为孩子付出的越多，他就越觉得这些都是父母分内的事情，与他无关。孩子缺乏责任感的问题也就在父母过度呵护下形成了。

　　为了避免溺爱造成的子女责任感缺失，就需要划清哪些事情是父母责任范围内的，哪些是应该孩子承担的责任，厘清责任边界，各负其责。比如早晨起床这件事，在一个家庭中如果划为父母的责任，哪一天因为父母起晚了，造成了孩子上学迟到，家长的确要负责任；但如果是划分为孩子自我管理的内容

之一，即使孩子睡过了头，父母也应该让孩子为自己的行为担责，自己向老师做出解释。有过一两次这样的教训，当孩子看到父母执行责任边界的坚定性的时候，就会打消继续依赖父母的念头，设法自己解决问题。责任边界可以帮助孩子成长为一个独立的个体，一个独立的个体才会对自己的行为负责，从而成长为一个负责任的人。当然家庭中责任边界的划分要充分考虑孩子的年龄、能力、家庭的实际情况等因素，而且要经过父母、孩子双方商讨达成一致意见后方能执行。

三、父母要学会放手，让孩子从小事做起，承担家庭责任

"一屋不扫何以扫天下？"要想让孩子未来扛得起社会责任，必须从小抓起，从一点一滴的小事做起，培养孩子的责任感。尽管在初中阶段，孩子的主业是学习，但也要树立每个人都是家庭的一分子，都要为家庭贡献自己的力量的意识。曾经在班级中做过学生承担家务劳动的问卷和访谈，其中每天早晨整理自己床铺的孩子占比不到30%。这背后有孩子自身的原因，但多数还是父母心疼孩子、不肯放手的原因造成的。想着孩子上学已经很辛苦了，能让他多睡一会儿是一会儿，父母能多帮孩子干一点儿，孩子就能轻松一点儿。其实孩子的学习能力是多元的，他的动手能力、创新能力一定是在"知行合一"的实践中获得的。承担家庭责任过程中的成就感还可以迁移到他生活的方方面面，提升孩子的自信心，一举多得。

父母可以偶尔示弱，多给孩子创造承担责任的机会。一对"全能型"、里里外外一把手的强势父母很难培养出有责任感的孩子。因为家里大大小小的事情大人都能搞定了，哪还需要孩子承担责任呢？孩子洗碗你嫌他洗不干净，不让他洗；孩子拖地你嫌他慢，耽误时间。我们让孩子做这些事情的初衷是为了培养他的责任意识，而不是追求他干的结果是否是我们想要的。给他些时间，加以方法的指导和鼓励，他一定会胜任。所以不妨在自己忙的时候，让上初中的老大去陪一陪、带一带弟弟妹妹；在自己生病的时候，不再硬扛着，而

是享受下孩子的反哺；在做家庭决策的时候，不再只是把结果通知孩子，而是请他参与进来，共同谋划。这样孩子就会在家庭中逐渐承担起自我责任、哥哥姐姐的责任以及为人子女的责任。

责任是信念之基，是力量之源。培养孩子的责任感，父母应该具有榜样意识，从小抓起，从小事做起，明晰责任，宽严有度，敢于放手。唯有如此，孩子才能从为自己的行为负责做起，扛得起对他人、对集体、对社会的责任，才能在未来的人生路上走得更稳、行得更远。

20 | 棉花糖实验的启示
——怎样提升孩子的自控力？

自控力是控制和支配自己的注意力、情绪和欲望的能力。自控力的作用就像是火车、汽车的刹车系统，一旦刹车失灵，极有可能造成车毁人亡的重大安全事故。一旦人自控力不够，就会抵抗不了各种诱惑和欲望、遇事控制不了自己的情绪，更控制不了自己的行为，让生活、工作、学习、人际关系陷入一片混乱。孩子学习精力不集中、经常完不成作业、容易发脾气、打架、迷恋手机、上网成瘾……都是缺乏自控力的表现。高尔基说过："哪怕对自己一点小的克制，都会使人变得强而有力。"心理学家陈会昌认为：自控能力比智商更重要。作为父母，如何抓住18岁之前这段有效期，提升孩子的自控能力呢？

一、学会拒绝，不要轻易满足孩子的各种愿望

社会心理学发现，当一个人的需求被过度满足的时候，他的快乐也就被剥夺，这就是"饱享剥夺理论"。比如孩子喜欢吃鱼，父母也认为吃鱼好处多，就每天买不同品种的鱼，还变换着不同的烹饪方法做给孩子吃。一天两天孩子觉得是享受，对爸妈的厨艺赞不绝口，三天四天兴致略减，如果一个月家里餐桌上都是鱼，孩子就会懒得动筷子，甚至提出抗议了。但是，很多父母并不明白这个道理，总是尽可能地满足孩子提出的各种要求。例如，孩子今天回

家说白天上了一天学太累了，晚饭后要休息半小时再学习。您觉得孩子的要求很合理，痛快答应了；明天孩子又说身体不舒服，饭后要先休息35分钟。尽管您看着孩子吃饭的时候明明生龙活虎的，还是看破不说破，又答应了。直到孩子要求休息的时间越来越长，作业完成的时间越来越晚，甚至完不成作业的时候，您再去管理，嫌他没有自控力，习惯一旦养成很难再去扭转了。很多父母常常会对孩子说："你不好好学习，将来都没办法自食其力，养活自己。"平日里"饭来张口，衣来伸手"的孩子对此是不会有任何感受的。所以"民主型父母"对待孩子的一言一行不等于没有规则和底线。父母不能无条件地满足孩子的各种愿望，对孩子不合理的要求要果断地说"不"，要让孩子学会节制，努力培养孩子自我管理与自制的好习惯。

二、指导孩子对比长短期利益，学会延迟满足

美国斯坦福大学的心理学教授沃尔特·米歇尔曾经做过一个棉花糖实验：把4岁的小朋友每人安置在有一张桌子和一把椅子的小房间里，桌子上的托盘里放有一块棉花糖。小朋友可以选择马上吃掉棉花糖，或者选择等待15分钟再吃，那样就可以再得到一块棉花糖作为奖励。结果，只有三分之一的小朋友抵制住了诱惑，获得了奖励。研究者后续对这些小朋友进行对比跟踪发现：拿到两块棉花糖的孩子学业上取得了更好的成绩，事业更顺利，更少出现成瘾行为，与家庭成员之间的关系也更加亲密。

延迟满足的能力其实就是自控力。有些神经学家认为，我们的大脑里有两个自我，一个是冲动的自我：任意妄为、及时行乐；另一个则是克己的自我：克服冲动，深谋远虑。父母的责任就是要时常提醒孩子：你最终想要的是什么？你现在想做的事情是不是为你最终想要的结果而采取的行动？你现在想做的是否能让你获得更大的快乐？帮助孩子把目光放长远，做出更加明智的选择。还拿先玩再写作业还是先写完作业再玩的例子来分析。如果从孩子第一次提出这个要求，就让他把两种选择结果会有什么不同写下来，问他是否愿意承

担短暂的快乐换来的一系列可能的后果。经过一番对比，孩子的克制脑有可能就会战胜冲动脑，做出明智的选择。

三、帮助孩子树立规则意识，且温和而坚定地执行规则

树立规则意识就是要让孩子清楚在合适的场合要匹配合适的行为，不能以自我为中心来说话、办事，要有自我管理和控制的能力。这个规则既包括公共场所中每个公民应该遵守的行为规范，也包括家庭中由成员共同参与制定的家庭公约。要求孩子做到的，父母首先要以身示范。那样在教育孩子的时候，父母说出的话才会有分量。不能父母要求孩子要控制情绪，不乱发脾气，自己却是"路怒族"，一点就着。父母要求孩子遵守公共秩序，自己却不排队候车。父母要求孩子每天读书，自己却在看电视追剧。孩子的样子就是父母的样子。孩子是在看父母怎么做，而不是在听父母怎么说。

一旦明确了规则，父母就要监督孩子执行规则。不可以父母今天心情好，孩子讨价还价就答应，明天对同一个规则执行得又严，让孩子形成家里的规则是可以随时更改的错误认知。如果孩子违反了规则，父母的态度就要做到和善而坚定。对事不对人，不能使用讽刺、打击的语言，但要明确地告诉孩子他的错误行为是什么，父母的感受是什么，对这个错误行为他该如何做出修正或补救。即使孩子反抗也不能妥协，可以暂离他情绪爆发的现场，但原则不能退让。

自控力是决定人生成败的重要因素。父母们应该清楚地认识到，提升孩子自控力的重要性和紧迫性。从成为更好的自己做起，温和而坚定，学会拒绝孩子不合理的要求，帮助孩子学会等待。能自控的孩子方能掌控自己未来的人生。

人际关系篇

INTERPERSONAL RELATIONSHIP CHAPTER

21 | 让孩子体验到爱、理解与尊重
——如何与孩子建立良好的亲子关系?

　　心理学家杨凤池教授说过"教育有效的前提是接纳"。学校教育如此,家庭教育也是如此。如果孩子从心理上对爸爸妈妈是认可的,是佩服的,即使父母规矩再多、要求再严,他也可能毫无怨言,欣然接受;但如果孩子从心理上对爸爸妈妈是排斥的,是对抗的,即使父母苦口婆心、讲的道理再正确,他也不想听,当然也就听不进去。目前,很多家庭教育中出现的孩子心理问题、厌学问题、网瘾问题、早恋问题等,其实都和亲子关系有关。好关系胜过父母的千言万语,好关系是好的家庭教育的前提。那么,父母该怎样与孩子建立良好的亲子关系呢?

一、莫让不正确的亲子观念,把孩子推得越来越远

　　诗人纪伯伦在《孩子》一诗中写道:"你的儿女,其实不是你的儿女。他是生命对于自身渴望而诞生的孩子。他们借助你来到这世界,却非因你而来……"但现实生活中,许多父母忽略了孩子是一个有独立意识的完整个体,对亲子关系没有正确的认知,常常觉得孩子是自己生命的延续。父母走的路比孩子过的桥还多,父母所说的一切,都是自己的经验之谈;父母所做的一切,都是为了孩子好,孩子就应该理所当然地接受,不应该违扰父母之命。不知不觉中,父母把孩子当成了自己的私有财产,处理问题不顾及对方的感受。但

"哪里有压制，哪里就有反抗"。父母以爱之名，把孩子抓得越紧，孩子就越感到窒息，越想逃离。

与"专制型"的父母相反，有些父母对孩子则是"放任型"的。有的放任父母是对孩子不管不问，只生不养。而更多的则是把孩子当宝贝似的捧在手心，即使自己的生活苦点儿、累点儿，也先满足孩子的要求。这种父母对孩子只有满足，而没有限制和约束；只有表扬，而没有批评更没有惩罚。这种放任的结果是孩子没有了规则意识和底线意识。随着年龄的增加，他的要求会越来越多，欲望也会越来越膨胀。当父母再无力满足他的欲望时，被自己喂大的"白眼狼"虐待，是不少父母的悲惨下场。孩子的问题，其实往往是大人的问题造成的。如果你连自己都认不清楚，你就无法认清你的孩子。如果你不想改变自己，你就无法改变孩子。

二、理解、尊重、责任、反思是家长在建立高品质的亲子关系中需要具备的素质

很多家庭中的亲子关系问题都是源于孩子感受不到父母对自己的理解与尊重。爸爸妈妈心中明明是深爱着孩子的，但说出来的话、做出来的事让孩子感受到的却不是爱。在孩子遇到问题、遇到困扰时，他需要的不是一个站在道德至高点的评判者，也不是一个絮絮叨叨的说教者，更不是一个永远正确、永远比自己高明的智者，他需要的是能了解自己、善于倾听、给予关怀与包容的父母，这才是亲子关系最本质的东西。所以父母应该以目的为导向去和孩子沟通交流，而不是任由情绪宣泄，让问题变得更加糟糕。比如我们想解决的是青春期的女儿不爱运动、越来越胖的问题。"说好了周末早起跑步的，又睡到现在。都胖成这样了，你自己不觉得丢人吗？"和"设好闹钟，明天咱俩一起去跑步。希望不会被我姑娘落下太远啊！"同一件事，话术不同，对于接收者的效果则有天壤之别。

理解与尊重是建立高品质亲子关系的前提，但和谐的亲子关系并不意味

着父母要放弃原则，放弃应该履行的管教子女、把他们从偏离的轨道拉回来的职责。这就需要父母处理好爱与管教之间的关系。简·尼尔森在《正面管教》一书中这样写道："爱是容器，管教是内容。越大的容器才能容纳下越多的管教系统。没有爱作为基础，就没有装管教的容器，因此管教就会无效。"和谐的亲子关系不是一蹴而就的，而是父母与子女在长期的相处过程中日渐形成的。而且这种理想的人际关系也不是一旦形成就会永久固定下来。从观念及理论上懂得该如何与子女相处，到能理智地驾驭自己的情绪，审时度势，还是有很长一段距离的。这就需要父母具备反思的能力。发现的确是自己的方式方法欠妥，就要放下父母的身段，勇于在孩子面前承认自己的不足。"人非圣贤孰能无过"，不在孩子面前扮演完人的角色，该示弱的时候示弱，更能彰显孩子的用武之地，增强他的自我效能感。

三、重视孩子叛逆和犯错的价值

青春期孩子叛逆是身体、心理发育到一定阶段的正常表现，所以家长不必谈虎色变。从积极的角度讲，孩子越是经常在父母面前发脾气，越有利于其负面情绪的宣泄，也越说明孩子对父母的信任；父母要允许孩子对事物有不同的观点和想法，并鼓励他大胆表达。我们不能一方面想培养一个有思想、有创意、适合未来社会发展的人，一方面又要求孩子当下唯命是从、唯唯诺诺。

"塞翁失马焉知非福。"孩子无论是被老师或其他家长告状，还是违反课堂纪律、考试成绩不好，父母都要沉得住气，解决问题，赢得孩子，而不是宣泄不满，赢了孩子。把犯错看成人生的挑战，是自我成长的机会，那么生命中很多原本看似不好的事情，反而会成为我们学习和成长的机会。

和谐、民主、平等的亲子关系是孩子健康人格形成的土壤，是保障家庭教育有效性的关键，是创建温馨家庭的基础。树立正确的亲子观念、重视孩子叛逆和犯错的价值、理解尊重孩子、勇于担责、敢于向孩子认错、做"反思型"父母，与孩子共同成长！

22 | 青春期异性交往，家长该知道的那些事
——孩子特别在意外表是"早恋"了吗？

作为一名初中班主任，经常会接到家长类似的咨询："近期孩子特别在意自己的外表。原来早晨能不洗脸就去学校，现在每天晚上都要洗澡，一洗还洗很长时间。他是不是在学校有喜欢的女生了？""我家那闺女最近很注意打扮，洗衣服时还从她口袋里发现了和同学传的小纸条，她是不是在学校有"早恋"的迹象了？""老师，最近接孩子放学，总见她和一个男生一起出来，他们是不是交往过密？我们也不敢多说，能不能帮我们劝劝孩子呀？"

的确，孩子进入初中后，随着第二性征的逐渐成熟，他们的心理也发生了巨大的变化。从与异性同学疏远，男女同桌在课桌上划"三八线"，男女同学各玩各的，过渡到对异性产生好奇、希望接近异性与异性同学交往、渴望得到异性的肯定与赞美。同时因为自我独立意识的增强，绝大多数学生不愿意将这种他们认为的私事与父母交流。所以当孩子发生一系列明显的变化时，异性交往成了家长对青春期孩子特别关注的话题，唯恐"早恋"惹出更多的祸。

其实，初中阶段的异性吸引是这个年龄段孩子身心发展的必然，是再正常不过的事情。少男少女的情窦初开是一种非常纯洁、真诚的情感流露，值得珍惜。适度的异性交往不仅无害还有助于孩子的学业进步及心理健康发展。因为青春期正是孩子形成自我概念和自我认同的关键时期，异性交往可以使孩子

更清晰地认识自己，回答困扰他们"自己是谁"的问题，促进孩子认同自己的性别角色并发展社会属性。孩子在青春期有异性交往的需求，当这种需求得到满足时，孩子会获得愉悦感，形成积极的情绪，有益于树立自信心，提高社会适应能力。

家长对于孩子与异性的正常交往是采取理解支持的态度还是粗暴地查聊天记录，设法阻止双方过多接触甚至语言上讽刺挖苦，效果自然会大相径庭。家长越是限制，越会起到反向的推动作用。不被理解、不被尊重的感受只会把孩子推得离家长的初衷越来越远，甚至会因为家长的过度干预把原本正常的异性交往变得越界，同时恶化亲子关系。所以建议家长不要从大人的视角去放大无谓的担心。孩子有异性缘说明他具备吸引人的特质，有良好的沟通能力，是该引以为豪的事情。当然家长可以建议孩子在与异性交往时注意语言得体，行为得当。尤其男孩子的家长要注意提醒其尊重女同学，不开过分的玩笑。在班集体中尽可能与异性同学普遍交往，不单独与一位异性同学过多接触，以免造成不必要的误会，给彼此带来不必要的烦恼。有些家长中学阶段对子女与异性交往横加干涉，等孩子成人，该到谈婚论嫁的年龄又埋怨他跟异性交往没有经验，连个恋爱都不会谈，家长是否考虑过要为这一结果埋单呢？

当然，如果孩子出现了与某位异性交往过密的情形，家长就要积极疏导，以防孩子因为心智不成熟，走上弯路。

首先，要和孩子平心静气地分析审视这段"恋情"。站在孩子的角度，表示对他行为的理解，因为父母也是从这个青葱的年龄走过，与孩子共情。父母不对孩子的交往对象妄加评价，尤其注意不要贬低对方，这是谈话的原则。如果孩子是被对方的特质、优点吸引，父母就建议他把这种美好的情感和对对方的欣赏、钦佩转化为自我提升的动力，告诉孩子"你若盛开，蝴蝶自来"，在该学习的年纪通过读书不断提升自己的内涵和能力，自然会增加吸引异性的资本，也才会有能力在未来承担起家庭的责任，给所爱的人真正的幸福。

其次，向孩子和善但坚定地表明责任感和自我控制的重要性。青春期阶段的恋情是不成熟、不理智、不稳定的，要引导孩子控制自己的情感，一旦任由感情像脱了缰的野马，将后悔莫及。作为女孩的家长要提醒孩子注意自我保护，对自己的身体健康负责，对自己的行为负责，自尊自爱才能赢得他人的尊重；而男孩的家长则要告诫孩子偷尝禁果将要面临和承担的后果。

有研究数据表明，有"早恋"行为的青少年 80% 与家长教养方式不当或父母关系问题有关。与其担心孩子与异性交往的问题，不如先经营好家庭关系中第一位的夫妻关系和第二位的亲子关系。"好关系胜过好教育"，父母给孩子最好的礼物是让他在家庭生活中看到爱、感受到爱。

23 | 同伴是初中生的重要他人
——如何看待孩子的同伴交往？

升入初中后，对学生来说除了要适应新的学校、班级环境以及学习节奏外，很重要的一个任务是结交新的朋友，在与同学的交往互动中确立良好的人际关系。事实证明，孩子人际交往能力强，则自信开朗，幸福感强，发展潜力大；反之，交往能力弱，则会冲突不断，萎靡焦虑，严重者还会产生心理问题，正常的学业都难以继续。孩子的人际关系其实是成人世界的缩影。几乎每个孩子在成长过程中，都会碰到或大或小的社交困扰，家长对于同伴交往的不同认知，会作用于孩子，产生积极或消极的影响。

一、同伴交往是成长的养分，并非可有可无的附属品

小 A 是个性格内向、自律的女孩，成绩虽有浮动，但一直保持在班级中上游的水平。但很奇怪的是，班级每次民主评议推优，她都会因为票数低而落选。我留意观察后发现，与班级绝大多数女孩不同，小 A 课余多数时间独来独往，或在座位上做着自己的事情，与其他同学较少有互动和交集。鉴于此，我找到她希望其参与班干部的竞选，以便在与同龄人的交往过程中提升综合能力，但得到的是家长的婉拒。家长很客气地感谢了老师的信任，认为孩子目前的能力不足以兼顾学习与班级工作，应以提升学业为重，至于其他方面的能力

可以日后慢慢培养。家长的成长经历形成的固有思想是很难说服的。女孩的成绩依旧起起伏伏，学得很辛苦，极少看到笑容挂在她青春的脸庞。

每个人都不可能独自生活在这个世界上，即使流落荒岛的鲁滨孙也需要"星期五"的陪伴来摆脱内心的孤独寂寞。小学阶段，父母是孩子情感和心理的支撑，孩子与同伴之间更多的是一种玩伴关系，不会形成稳定的依赖关系。但中学阶段，随着青春期的到来，绝大多数家长会发现孩子和自己的共同话题越来越少，有心事也不愿和大人倾诉，但和同学朋友之间却好像有说不完的话。在学校待了一天还没说够，回家还想继续聊。这个阶段同伴代替父母，逐渐成为孩子情感交流的主要对象。其实儿童成长的过程就是一个逐渐社会化的过程，孩子是在和同龄人的交往互动中习得文化、发展个性的。如果家长把目光过多地盯在学业上，忽略了特定年龄段孩子内心的需求，情绪的压抑不但会阻碍学习潜能的开发，很大概率还会对他未来成年后的人际交往留下后患。

二、同伴交往需要坦诚，同样需要掌握方法

小 B 是班级男生中最不合群的一个，经常因为一句话、一个眼神就和同学发生肢体冲突。同伴交往给他的初中生活带来很大的挫败感，他曾经一度找借口逃避上学。好在小 B 乐于主动把烦恼向心理老师倾诉、向家长倾诉，在大家的共同努力下，逐渐走出了人际交往的困境。

小 B 的问题首先源于自卑心理。因为个子矮他总感觉自己比别人矮半截，再加上生性要强的他对自己学习成绩的不满意，更让他充满无力感。同学正常的言行、肢体动作在他看来都是在嘲笑自己。他越是想通过拳头赢回自尊，越是想解释自己不被理解的痛苦，越是把同伴推得更远。试想有谁愿意和一个负面情绪十足、自控力差、坏脾气随时爆发的人交朋友呢？

悦纳自我是人与人交往的前提。一个瞧不上自己的人怎么能有吸引同伴接纳自己并且善待他人的能量呢？你希望别人尊重你、理解你、帮助你，你就应该首先尊重对方、理解对方、帮助对方。"爱出者爱必返。"教孩子在同伴

交往中学会换位思考、善于发现别人的优点而不是一味索取，才能保持稳定和谐的人际关系，享受友情带来的快乐。

三、限制同伴交往不如引导孩子自己做出选择

男生小 C 的妈妈发现儿子自从与小 D 交往之后，花在学习上的心思越来越少，从不说脏字的儿子时不时不文明的语言就脱口而出。小 D 学习成绩、行为习惯的问题 C 妈都有所耳闻，自然不希望原本自控力就不强的孩子再受到同伴的影响。"近朱者赤，近墨者黑。"但孩子选择同伴的标准与大人不同。相同的爱好、共同的偶像、一次偶然的相助等都可能把两个小伙伴吸引在一起。在接到小 C 妈妈的求助后，我们商定的处理原则是：不强行干涉，相信并尊重孩子的选择，但加以引导；明确和小伙伴在一起什么事情能做，什么事情不能做，制定规则。小 C 妈妈甚至还答应了儿子的请求，邀请小 D 到家里玩了几次。C 妈对于儿子交友的理解包容反而让小 C 能冷静客观地审视和小 D 之间的友情，遵守既定规则，趋利避害，没有继续给自己造成不良影响。

同伴是初中生的重要他人，同伴交往对孩子社会化发展过程中起着举足轻重的作用。人际交往的能力唯有在实践中才能够逐步提升。所以爸爸妈妈们，请放心让孩子搭上友谊的小船，驶向幸福的彼岸吧。即使你们担心沿途有风浪，有暗礁，那都是成长需要付出的代价。船上携手同行的孩子享受旅程中一起乘风破浪的快乐就好！

24 | 做遇事不焦躁、情绪稳定的父母

—— 孩子与同学发生矛盾，家长该怎样处理？

近日有同事讲述了她同为教师的姐姐所带班级发生的一起同学矛盾。当事家长的处理方式引发了老师们的热议。

事情的经过大致是这样的：午休时间小 A 同学睡不着觉，发出较大的声响影响到了其他同学的正常休息，班干部出面制止无果。午休结束后，坐在小 A 附近，整个中午受其干扰没睡着的小 B，找小 A 理论，并动了手，造成小 A 手臂一处骨折。小 A 家长在了解到事情的经过并带孩子去医院就诊后直接选择报警处理，然后要求学校在孩子养伤期间，班级上课开直播，语、数、外老师去家中给孩子一对一辅导；小 B 家长给予经济和精神赔偿。

警方以及学校对于此事的处理意见我们不得而知。孩子在校内被打致伤，还要耽误学业，家长又心疼又气愤的心情，我们换位思考都可以理解，作为监护人替孩子维权，要求一定的赔偿也实属正常。但类似事情家长直接报警是否合适？正常情况下是否该先联系对方家长或者班主任、学校出面协调解决问题呢？孩子班内受伤，学校负有责任。上课开直播尽量减少孩子耽误课的损失，这要求不过分，但要几个老师都放下学校的工作，到家中一对一辅导是否就强人所难了呢？

不知道这位爱子心切的家长，在选择如此处理问题的时候有没有想到可能因此对孩子造成的影响？小 B 未采取正确的方式解决问题，打人有错，这

一点儿毋庸置疑。小A通过这件事情有可能悟到以自我为中心，无视他人的感受可能带来的后果，并在今后的生活中加以改正吗？从家长的处事态度看，这种可能性微乎其微。小A待身体恢复后还要回到班级，这件事过后，同学们再和他玩的时候，会不会心存忌惮，怕一个不小心也会惹祸上身呢？另外，扰乱正常工作、生活秩序到家里给孩子补课的老师们面对这位家长和孩子的时候会是怎样的心情呢？

班集体是一个浓缩的小社会。孩子们脾气性格不同、成长背景不同、爸爸妈妈们的教育理念也各不相同。同学之间有矛盾、发生摩擦是很正常的现象。父母应该提醒孩子：对方做得再不对，他的行为令你再生气，也要控制住自己的脾气，放下要挥起的拳头。可以采取暂离现场的方式，待冷静下来之后，再去和对方讲道理，以理服人，自己解决不了的问题要及时求助于老师。父母要做的不是在矛盾发生之后，全权替孩子解决问题，剥夺孩子解决问题的机会。"授人以鱼不如授人以渔。"正是在解决这些问题的过程中，在实践中，孩子们才能逐渐习得与人相处的文明有礼、互敬互谅、坦诚包容之道。

父母在了解到孩子与同学之间的矛盾后采取的不同态度，会对孩子产生直接的影响。有的家长很反感孩子回家说那些在他们看来鸡毛蒜皮的小事。"怎么这个孩子总找你的事儿呢？你没有问题吗？我看你俩就是半斤八两吧。还是没把精力放在学习上，才有这么多闲心打打闹闹。离他远点行了！"家长这样的态度，不用两回儿，再遇到类似的事情孩子就不回家说了。孩子认为，不但没解决问题，还要被冷嘲热讽，他何必找这个不自在呢！有些家长则容不得自家孩子吃半点儿亏。"他打你一下，你老实受着，下次他还打你。咱不惹事，但咱也不怕事。他下次再打你一下，你揍他两下！"或者父母干脆直接自己出面，找孩子或者对方家长理论。有这样的家长在背后给自己撑腰，孩子自然暴躁易怒、有恃无恐。原本孩子之间的矛盾升级为两个家庭之间的矛盾，产生一系列负面效应，变得难以收拾。还有部分家长喜欢第一时间找到班主任给解决问题，解决得满意还好，解决得不合乎心意，就认为老师处事不公，有意偏袒对方。这部分家长只在意事情的处理结果，而不考虑孩子从中收获了什么，失去了什么。

孩子与同学之间发生矛盾，能回家主动和爸爸妈妈说，是基于对家长的信任。这时候，建议家长先安抚孩子的情绪，然后认真倾听孩子对过程的叙述，尽可能客观地还原事情的全貌；在此基础上引导孩子对这个问题加以分析：双方冲突的点在哪里，自己的语言行为上有没有不当之处，有没有可能避免类似矛盾的再次发生，以及可能有哪些方式来解决这个问题。最后寻找最佳对策，鼓励孩子按照既定方法自己去解决问题。家长则持续关注问题的解决效果。生活中人与人之间的矛盾难以避免，但通过这种亲子间的沟通方式，孩子学到的是面对冲突，理智地解决问题，人际交往的能力也会在这一过程中不断提升。

家长正确引导孩子解决与同学之间的矛盾是提升孩子交际能力、解决问题能力，培养孩子逐步走向成熟的重要途径。一个遇事不焦躁、情绪稳定的孩子，背后一定有一个安全的家庭成长环境、有高情商的父母。家长朋友们，与其焦虑孩子，不如先投资自己。学习起来，做孩子的榜样吧！

25 | 凝心聚力双向奔赴
——家长和老师怎样沟通更有效？

　　家庭和学校对初中生来说是生活和学习的两个最主要的场所。尽管两者的功能与任务不同，但教育目标是一致的，都是为了孩子的德智体美劳全面发展，为了孩子的健康快乐成长。家庭和学校、家长和老师只有携起手来，才能形成合力，共同托举起孩子的美好未来。初中相对于小学与高中，无论是家庭教育还是学校教育都是孩子相对难管理的一个时期，更需要家长与老师的有效沟通来助力。

一、建议家长有主动与老师交流沟通的意识

　　小 A 是班级中一个文静内向的女孩，学习成绩排名偏后，但每天作业认真完成，从不惹是生非。初一上学期临近期中考试的一天，我坐在班级教室后排听课，偶然发现小 A 身体抽动了两下，人还是一种正常坐直听课的状态。我再仔细观察，小 A 身体抽动现象时不时发生。下课和孩子确认她没有不舒服的感觉后，我想马上微信电话联系小 A 妈妈了解具体情况，这才发现双方竟然还不是好友。经电话沟通了解到小 A 的家长几年前就发现了孩子身体抽动的问题，去各大医院检查过说是神经性的原因，药物无法根治。最近抽动频次增加估计是学习压力大、精神紧张所致。

　　那通电话之后小 A 妈妈加了我的微信，解释说孩子成绩不好，前期一直

不好意思与老师联系。有类似想法的家长不在少数，还有部分家长很善解人意，觉得老师工作很辛苦，担心因为自家孩子的事情给老师添麻烦。很感谢这部分家长对我工作的理解，可是孩子在学校表现出来的无论成绩不理想的问题还是行为习惯的问题，其背后都是有具体成因的。与其我们通过长期观察找原因，家长的主动沟通是不是更有助于问题的解决呢？即使对于同一类问题，对不同特点的学生还需要采取不同的解决办法因势利导，这就更需要家长的主动配合。传道授业解惑是老师的职责，老师和家长是有着共同目标的盟友，无所谓添麻烦一说。与其被动等老师约家长沟通，不如尽早就孩子的特点、优缺点、家庭教养的方式、家庭教育的理念尤其是孩子的身体特殊情况等和老师进行全面的交流。小 A 初中三年担任班级的生活委员，找到了自身的价值。尽管成绩提升不大，但人变得越来越阳光自信，身体抽动的问题即使在学业紧张的初三也没有再出现过，很令家长和老师欣慰。

二、建议家长选择好沟通的方式

因为职业特点的缘故，老师上课时间是不能接打电话的。所以很多家长都会在和老师沟通之前，事先通过发微信的方式确认老师合适的面谈或电话交流的时间。这样方便老师在看到信息之后第一时间与家长联系，也避免了家长多次给老师打电话，老师无法接听造成的不必要的误解。与老师沟通建议选择在白天家长也方便的时间，不是突发事件特别着急的情况，尽量不要选择在晚上尤其是深夜。换位思考若老师在这个时间跟家长聊孩子的问题，家长感受到的老师对孩子的关心是不是已经大打折扣了呢？

家长和老师因为角色的不同，对待一些具体问题的看法不尽相同是很正常的，这种情况不妨采取有利于问题解决的方式与老师有效沟通。而不是听一面之词为孩子护短，或不给孩子陈述的机会一味地指责孩子，让孩子对老师的教育行为更加逆反。小 B 初一时是个自律性相对差的孩子。一天因为两次违反纪律受到我的严厉批评，回家后很委屈地把事情的原委讲给妈妈听，他认为违反纪律也有其他同学的责任，老师的处理方式有失公正。妈妈在不知道如何妥善解决这一问题的情况下咨询了一位当教师的朋友，对方给了她这样的建议：信任老师，没有一个老师会针对你的孩子；从孩子自身找原因；孩子现在不懂得约束自己，将来走上社会必定会摔跟头。妈妈深受启发，豁然开朗。既通过与孩子的攀谈让他非但不再抱怨老师的严厉，而是着眼于修正自己的行为，又通过与我的文字交流让老师了解到家长的处事态度。在家校的密切配合下，小B的发展越来越好。

三、建议家长着眼于沟通效果的落实

小C的妈妈很重视孩子的学习成绩，经常是孩子成绩出现下滑，她就会主动与我联系，希望能帮着分析孩子试卷中的问题具体出现在哪里，下一步该怎么办。但几次三番下来请家长协助解决的诸如书写的问题、音形义结合记忆单词的问题还是未能得到解决。询问原因说是孩子很排斥家长对他学习的干预。鉴于这种情况我建议家长暂停对其学业的过度关注，而是把精力放在亲子关系的修复上。从孩子每天上学离开家时的一个拥抱以及每天发现孩子的一个优点记录下来表达出来开始做起。小C妈妈的执行力很强也很有毅力，孩子从开始的拒绝拥抱到接纳到习惯再到享受其中。亲子关系的改变激发起小C的潜力，学业上进步很大。

家校沟通要有成效，不能止于发现问题。问题的解决需要老师、家长各负其责，需要家长在家庭中配合解决问题。如果在执行过程中有困难，也建议家长及时与老师沟通，看能否共同找到解决问题的优化方案。老师反馈的问题总是得不到回应，家长管不了的孩子，指望着单方面的学校教育能奏效，这样的想法未免太过于理想化。

苏联著名教育家苏霍姆林斯基曾说："没有家庭教育的学校教育和没有学校教育的家庭教育，都不可能完成培养人这一极其细致而复杂的任务。"建议家长从与老师的有效沟通做起，与学校凝心聚力，双向奔赴，共同为孩子的美好未来保驾护航。

26 | 家长可以这样助孩子一臂之力
——怎样能让孩子喜欢老师呢？

古人云："亲其师，信其道；尊其师，奉其教；敬其师，效其行。"一个孩子喜欢某位老师，就会爱屋及乌地喜欢上这位老师所教的学科，将该学科置于优先地位，自然也会取得令人满意的成绩。相反地，如果一个孩子和某位老师不对脾气，则大概率会连带着不喜欢这位老师所教的学科，抱着一副"我就不给你好好学的态度"，以此来和老师对着干，达到"报复"老师的目的。

日常工作中，时常会碰到这样"亲其师"或者对老师抱有敌意的孩子。学生小瑜在周记中把对老师喜欢的情愫刻画得入木三分。"明明跟她已是那样熟悉，每次见到她还是会无法控制得激动。为了能靠她近一点，我每次上楼都在三楼拐弯（教室在四楼），为了经过她的办公室，再以取道法卷子为由在她对面静静看着她。她激发我对知识的渴望，她带给我能量、带给我幸福。喜欢她、以她为榜样的日子里，我从未内耗或者陷入情绪低谷，每天都特别快乐、积极、阳光、幸福。"老师于她而言，不仅是知识的传授者，还是幸福的传播者。有这样一位小花痴整天围在身边，老师怎会不和她产生爱的对流，对她关爱有加呢？但也有的学生，对老师出于善意的提醒、批评不理解，出现语言上的对抗和行为上的不合作。如果问题长期得不到解决，影响到的不仅是该科学习成绩的问题，还可能产生一系列心理上的负面效应。

相信每一位家长都特别希望自己的孩子能够遇上喜欢的老师。但每位老师因为年龄、阅历、脾气性格、教学风格等的不同，千人千面。即使再优秀的老师，也难以做到让每个孩子都喜欢。初中阶段的孩子，虽然独立意识开始增强，但还是很容易受他人观点和情绪的影响，家长完全可以在师生之间起到一个桥梁作用，帮助孩子喜欢上老师。

一、家长自身要尊重、信任老师，和老师有良好的沟通

在培养孩子方面，父母和老师本是一条战线上的"战友"。但现实生活中，还存在很多家长对老师满意度不高的问题。初一分班，分到没有经验的年轻班主任的班级，很多家长有意见；分到有些经验的班主任但所教学科不是主科，家长还是不满意；孩子成绩不理想，部分家长怪班级该科成绩普遍不好，是老师教学水平的问题，要求学校给更换老师；孩子作业写到太晚，有家长心疼孩子，投诉老师不响应"减负"号召，布置过多机械性作业……当家长内心带着对老师诸多不满的时候，家长的态度、家长的言行怎会瞒得过孩子的眼睛？家长对老师的负面评价会直接影响孩子对老师的信任。而老师一旦在孩子心目中没有了地位，失去了权威性，教育也就成了无源之水、无本之木。

家长对学校、对老师有意见，可以采取恰当的方式、正确的途径来解决问题。像师资安排这样难以改变的事实，就要学会接受，并且调整自身的心态，看到事物积极的一面。例如：青年班主任尽管经验不足，但有十足的精力，有工作的热情和激情，更能参透孩子们的心理，走进孩子们的内心世界；非主科老师担任班主任，自身的教学压力相对要轻，会有更多的时间投入班级建设和管理。如果通过孩子的反馈及其他家长、学生的反馈，发现老师的确在教育教学的方式方法上存在问题，可以通过正常的渠道向学校反映问题，寻求问题的解决方案，也不宜在孩子面前对老师评头论足。家长理智地解决问题的方式本身不仅维护了老师在孩子心目中的形象，而且会对孩子起到潜移默化的影响作用。

二、引导孩子从积极角度看待老师的教育行为，有助于良好师生关系的建立

当孩子对某位老师有情绪，回家向家长抱怨的时候，家长的态度对于问题的走向起着至关重要的作用。家长先耐心让孩子把事情的经过叙述完，不要急于发表个人的看法。然后询问孩子对这件事情是怎样看的，这件事让他对老师不满意的原因在哪里。家长要接住孩子情绪，让他觉得自己的感受得到理解，同时看看能否从积极的角度分析老师的行为，对孩子加以引导。比如孩子叙述的经过是：课堂上老师提问了一个问题，包括他在内的好几个同学都没回答出来。别的同学答不上问题，老师什么都没说。就到他这儿，老师批评他不提前预习。这件事让他感觉老师总是针对他，对他不公平。"老师看似是批评你没有预习，是不是在肯定你具备提前自学的能力，并且给你指出下一步努力的方向了呢？老师单独指出了你的问题是不是更相信你的悟性和执行力呢？"家长类似的引导，会帮助孩子重新审视老师的行为，以积极阳光的心态，坦然接受老师的批评。

三、多在孩子面前夸赞老师，帮助孩子看见老师对他的爱

孩子喜欢某位老师，一定是被这位老师身上的某个特质、优点所吸引。要培养孩子发现美的眼睛，家长首先要身体力行，做出榜样。"某某老师今天在群里发了同学们做课前演讲的照片，帮你留下初中生活的难忘瞬间，老师好有心啊！""班主任今天发群消息提醒天气变冷，要注意保暖，预防感冒。她可真关心你们！""昨天下午才测验的，今天上午老师就表扬了很多进步的同学。她工作可真是高效啊！"孩子经常听到家长对老师们基于客观事实的评价，就逐渐学会了欣赏与感恩。

与其告诉老师自己的孩子是个"顺毛驴"，喜欢被表扬，家长不如抓住机会把老师对孩子的关心与爱传递给孩子。"家长会后数学老师单独和妈妈聊

了聊，嘱咐我一定要表扬你，这次进步非常显著。说你写作业再认真些，还有潜力！""老师把你国旗下演讲的照片和视频都发给我了，她对你真够细心的！""今天给你请病假。老师很关心你。看，她嘱咐你好好休息呢！"

孩子是否喜欢老师，除了师生之间的缘分之外，家长从中起到的黏合剂作用的确也不容小觑。那就助孩子一臂之力，从发自内心地尊重、信任身边这些同样希望被学生们喜欢的"战友"们做起吧！

27 | 孩子的健康成长呼唤父亲担起教育之责

——"妈妈，爸爸是你的老公吗？"

近日，刷到一条萌娃灵魂拷问妈妈"爸爸是妈妈的什么人"的视频。在萌娃眼里，爸爸既不是妈妈的老公，因为妈妈没戴戒指；也不是哥们儿，因为爸爸平常出去吃饭，都不叫上妈妈；还不是朋友，因为妈妈需要帮忙的时候，爸爸都说自己不会。最后推出的结论：爸爸是妈妈的邻居。嬉笑之后，不禁又有些唏嘘。作为一名初中班主任，接触过不少对十几岁的孩子已然无能为力的妈妈；还有不少在为孩子现状以及未来焦虑不安的妈妈。其中的绝大部分妈妈背后都有一个"隐形"的老公。

父亲角色缺位在每个家庭中的原因不尽相同。有的是受"男主外，女主内"传统思想的影响，认为照顾、教育子女的责任就该由女性承担；有的家庭分工就是爸爸在外赚钱养家，保障好家里的物质生活；还有的家庭则是爸爸照搬原生家庭中被父母教养的方式，拿过去的方法教育现在的孩子，结果越管越糟。爸爸不会管，那就索性少管甚至不管。无论何种理由，请家长抓住最后的关键期，做出改变。因为实践证明：在初中阶段，母亲对子女的影响力开始下降，父亲的影响力逐渐上升。父亲教育一定不能缺失。

母爱似水，父爱如山。男女性格特征的不同，带给孩子的影响也是不同的：母亲传递给孩子更多的是细腻的爱，让孩子学会自尊自爱、爱己达人、敬老孝亲；父亲给予的则多是粗犷的爱，有助于孩子个性中形成积极进取、勇敢坚毅、责任担当的特征。二者相互交融，更有利于培养孩子完整、独立的个性，而性格又能决定一个人的命运。英国诗人乔治说过："一个父亲胜于100个教师。"《三字经》有云："养不教，父之过。"父教缺失或弱化，会让孩子感到孤独和焦虑，将给孩子带来不安全感；成人后还不能从精神上真正独立的"妈宝男"，成长过程中一定有一个缺位的父亲；缺乏父亲教育的孩子情绪也更容易变得敏感，条件刺激下更容易产生攻击行为，甚至会走上犯罪的道路。北大学子弑母案的主角吴谢宇就是一个典型的例子。

要做一名好父亲，首先要有教育好子女的责任意识。履行父亲的职责同样是一份重要的事业。曾国藩家族两百年来"长盛不衰，代有人才"。他的240个子孙后代中，无一个败家之子，其中一个重要的原因就是其独创的家教理论和自成一派的曾氏家风。尽管权管三省，位列三公，但他经常嘱咐儿子"凡世家子弟，衣食起居，无一不与寒士相同，庶可以成大器；若沾染富贵习气，则难望有成。"要求女儿"衣服不宜多制，尤其不宜大镶大缘，过于绚烂。"德国教育家卡尔·威特明确指出：孩子需要父亲陪在身边的时间最多只有10年。孩子的成长是不可逆转的。父母错过了对孩子影响的有效期，即使发现了问题，再想弥补，也只能是鞭长莫及了。

树立了父亲教育的责任意识，还建议爸爸们把握好在孩子心目中的角色定位。在"严父慈母"的中国传统文化中，父亲常常扮演严厉、严肃、不可冒犯的大家长角色。这种文化基础其实对父亲与孩子顺畅沟通设置了无形的障碍，尤其是会对与青春期孩子的相处埋下隐患。好父亲既要有权威，又要尊重孩子，也就是要让孩子懂规则、守规则，在原则性的问题上要坚决执行，不可以有丝毫的动摇，但行动上不能采取强制甚至打骂的方式，要有理有据，知道怎么做、怎么说孩子才能入眼、入心、入耳。初中生已经有了自己的是非观和价值判断标准，只有让他们心服口服才行；随着时代的变化，有些家庭出现了"严母慈父"的教养模式。爸爸忙于在外打拼，陪伴孩子的时间少，孩子的日常生活起居、教育多是由妈妈承担。生活把妈妈锻炼得独立、强势。在这种生活模式中，爸爸容易对孩子产生补偿性心理，以"慈"来弥补对孩子陪伴少的亏欠。不管是"严父慈母"型的家庭还是"严母慈父"型的家庭，父母之间在子女教育问题上先达成共识、把握好度非常重要。

构建和谐的夫妻关系是发挥父教作用的基础。孩子的学习具有观察性和模仿性特点，爸爸对妈妈是尊重、体贴呵护还是轻视、苛责挑剔；妈妈对爸爸是关心、理解、支持还是唠叨、埋怨、指责，都会潜移默化成为孩子性格中的一部分，以及未来自己成家立业后小家庭的夫妻相处之道。毕竟，父母的样子就是孩子的样子；另外，如果夫妻的教育理念不同，总是一个扮红脸，一个扮白脸，孩子便会本能地站在扮白脸的一方，降低教育的效果。父母之间和孩子的链接不该存在权利之争。夫妻和孩子应该站在一条线上，相互支持，共同学习，共同成长。

父亲在家庭中要承担起角色赋予的特殊使命，给孩子足够的安全感。关注孩子的心灵成长，无论父亲工作多忙，离家多远，只要对孩子心中有爱，一个相隔万里的生日祝福、一封家书、一个电话，都可以给予孩子无限的力量。陪伴的质量不取决于时间的长度，而是用心的程度；做个爱玩的父亲，带孩子一起跑步、一起打球，感受运动的魅力。和孩子一起爬山、一起露营，探索大自然的奥秘。和孩子一起聊历史、侃未来，让孩子胸怀家事、国事、天下事。有研究表明：好奇心、坚毅力是决定一个人是否能够成功的最重要的两个因素。而培养孩子的好奇心和坚毅的品性，父亲比母亲相比更具优势。

心理学家格赛尔说过："失去父爱是人类感情发展的一种缺陷和不平衡。"父亲对孩子的教育作用不是母亲对孩子全心全意的付出就可以取代的。和妻子携起手来，用爱、关怀和良好的情绪去感染孩子、唤醒孩子、影响孩子吧。孩子是祖国的未来，更是家庭的希望。要培养适应未来的孩子，今天的爸爸们责无旁贷。

28 | 拒绝焦虑　拒做"超人"
——妈妈怎样做，孩子能更出色？

"世上只有妈妈好，有妈的孩子像块宝。"一句歌词道出了孩子对妈妈的无限依恋。在绝大多数年幼的孩子心里，妈妈是无私、慈祥、温暖、依靠的代名词。可随着孩子的日渐长大，"妈妈快乐全家才快乐"成了不少青春期孩子口口相传的在家中"安身立命"的锦囊妙计。妈妈这个角色对于孩子的成长而言至关重要，有统计数据显示，目前我国80%的家庭都是由妈妈承担陪伴和教育子女的责任。妈妈对子女的教育理念和教育行为决定着一个家的温度，并且潜移默化地影响着孩子的性格。妈妈怎样做，孩子才能够更出色呢？

一、克服焦虑情绪，勿把自身的负能量传递给孩子

一个家庭拥有一个情绪平和的妈妈，是孩子之幸，是家庭之幸。但社会现状是80后妈妈目前已经成为最焦虑的人群。四十出头正值职业女性事业黄金期，上初中的孩子正处于叛逆高峰期，如果家庭中再有一个"影子爸爸"，妈妈承受的工作、生活、子女教育的压力可想而知，有情绪实属正常。但如果站在孩子的角度换位思考，他也辛辛苦苦上了一天学，如果回到家见到的妈妈总是愁眉不展，进门听到的不是牢骚就是抱怨，他怎么会不想赶快逃离现场，去自己房间图个耳根子的清净自在呢？妈妈们打拼事业，除了要体现自身的价

值外，想要给孩子提供更好的生活条件、教育资源也是一个重要的因素。如果我们因为把自身的负能量传递给了孩子，给孩子的身心健康成长带来负面影响，岂不是有违初衷吗？

要培养有幸福感的孩子，就要先做一个幸福的妈妈。先好好地爱自己，才有足够的能量把爱给到孩子和其他家人。通过适合自己的方式舒解压力和焦虑情绪，每天进家门之前，务必提醒自己：把不良情绪关在门外，不因为自己的原因迁怒于孩子，珍惜每天和孩子共处的短暂时光，享受和家人在一起的天伦之乐。

二、拒做"超人"妈妈，赋能孩子成长

我们经常用"里里外外一把手"来形容能干的妈妈。家里家外，"上得厅堂下得厨房"，照顾老人、教育孩子无所不能。但"超人"妈妈背后往往有一个永远长不大、承担不起责任的孩子。那是因为妈妈太能干，孩子在家庭中体验不到自己的价值感和存在感。想要培养孩子的独立生活能力，体会到妈妈的不容易，变得体贴懂事，妈妈就要学会放手，舍得用孩子，让孩子承担分内的家务劳动。比如孩子负责打扫自己房间的卫生，平日没时间，那就放在周末。只要妈妈坚持住不越俎代庖的原则，孩子看到确实指望不上妈妈，只能自己打扫，极少有人甘愿生活在脏乱差的环境里，降低自己的生活质量；妈妈身体不舒服，与其自己强忍着难受边抱怨边做饭，不如安心躺下来休息，给孩子一个大显身手的机会，哪怕他只能煮个面、炒个西红柿鸡蛋，也边称赞边欣然笑纳。这样孩子一定有兴致精进厨艺，以便下次表现得更好。

除了生活上不要做个"超人"妈妈外，在孩子的学习方面妈妈也要学会示弱，尤其是"高知"的妈妈们。班上曾经有个在大学当老师的博士妈妈，看到孩子的成绩现状很着急，提出下午自习课提前回家，由她来给孩子辅导的想法，劝阻无效后这位妈妈尝试了一段时间，在孩子成绩不升反降的事实面前自动终止了"实验"。妈妈的过度指导，不仅造成了孩子的依赖心理，同时急

于求成的心态势必打击了孩子的自信心，还加深了亲子矛盾，实在是得不偿失。孩子碰到疑难问题时，妈妈即使自己明白，也不能像"竹筒倒豆子"一样把答案都说出来，而要鼓励孩子动脑筋，引导他自己解决问题是更为高明的处理方法。

三、合理期待，给孩子提供十足的安全感

目前很多家庭妈妈焦虑、孩子不快乐的根本原因在于家长对于孩子学业上的高期待。不管孩子实际状况如何，自己的意愿怎样，如果孩子基础差一些，家长给定位的初中阶段的目标就是考高中，基础好一些的目标就是考优质高中。孩子学习上出现一点问题，妈妈就容易把问题无限严重化甚至灾难化。妈妈越心急，越耐不住性子沟通，就把孩子推得离自己越远，让问题变得越糟糕，形成恶性循环。建议妈妈们先放下自己的面子，对孩子有个合理的期待。决定孩子一生幸福与否的不是中考、高考、不是学历，而是责任、担当、不服输的毅力、不断内生长的动力。客观地看待孩子的得失，把每一次成绩的不如意当作解决问题的机遇，不用恶语去讽刺挖苦孩子、打击其自信，而是引导孩子找准问题的解决之道，相信孩子，帮助其树立信心。妈妈以如此平和的心态看待成绩，会把家庭对人疗愈的功能发挥到极致，给孩子内心提供十足的安全感，帮助他把精力放在问题的解决上，而不是与自己、与妈妈的精神内耗上。

脑科学研究表明，女性的情绪能量远远超过男性。在为人父母的这场修行里，妈妈是一个家庭氛围能否温馨幸福的"风向标"和"晴雨表"。一个家庭要想培养出优秀的孩子，妈妈要先克服焦虑、拒做"超人"、合理期待，才能赋能孩子，元气满满，健康成长。

29 | 二孩家庭父母的教育智慧
—— 您给足大孩想要的爱了吗？

　　最近刷到这样一条视频：一位年轻妈妈正在和两个年幼的孩子午睡。妈妈身边是几个月大的婴儿，婴儿旁边睡着两三岁左右的哥哥。哥哥醒来，把婴儿身下的垫子连同婴儿一起往旁边移了移。担心宝宝着凉，贴心地拿起枕边的尿不湿盖在了婴儿身上，然后自己蜷缩在妈妈身旁。妈妈醒来，看了看旁边还在安然入睡的婴儿，然后把哥哥紧紧搂在怀里，和儿子开心地对笑着。幸福温馨的气氛溢满屏幕。两三岁的哥哥还是个宝宝，同样渴望被妈妈搂一搂、抱一抱，他也会直接表达自己的需求。可如果家里的大孩长大了，口头上、行动上不再直接索爱，他的情绪还会被父母照顾到，父母还能给足大孩想要的爱吗？

　　自 2016 年我国放开二孩以来，二孩家庭数量近年来显著增加。我所任教的班级中，来自二孩家庭的学生占到了半数。这些学生都是家中的大孩，弟弟或妹妹一般在上小学或者幼儿园。很多家庭的爸爸妈妈自身是独生子女，养育了两个孩子，既不能从他们的父母处得到相关的育儿经验，也没有和兄弟姐妹相处的经历。从一个孩子的父母到两个孩子的父母，家庭结构发生了改变，如果父母自身不能适应这种身份的变化，或者不为这种身份的变化学习、更新科学育儿的知识，就很可能因为把更多的精力放在照顾二孩身上，对大孩的心理健康产生影响，导致大孩对二孩不友好，甚至产生攻击性行为。那么父母应该怎样做才能减少二孩家庭对大孩的不利影响，给予大孩足够的心理支持呢？

首先，关注大孩的心理及行为变化，加强与大孩的沟通交流。

青春期的孩子因为生理的巨变，本就面临着很强烈的两个自我之间的冲突以及在家庭中与父母之间的亲子矛盾，如果这时候父母还总是强制要求他们有哥哥姐姐的样子，懂得谦让，凡事不和弟弟妹妹计较，还要给他们做出榜样，很可能就会增加大孩对父母的不满情绪，并把这种负面情绪宣泄到二孩身上。家庭在儿童社会化进程中发挥着至关重要的作用，父母的教养方式会极大影响子女的个性和社会行为。有研究表明，孩子的攻击性行为和家庭教养方式有高度相关性。来自权威型家庭孩子的攻击性最强、民主型家庭养育出来的孩子攻击性最小，溺爱型、放任型家庭的孩子次之。所以大孩对二孩是否有敌意，两个孩子之间能否和睦相处，关键在父母。

如果父母发现大孩对待二孩有负面情绪甚至产生了过激行为，不要因为心疼年龄小的孩子，就不分青红皂白站在二孩一边，给大孩贴上不懂事的标签。要静下心来多和他沟通，了解事情的原委以及他的感受、情绪背后真正的诉求。其实，很多大孩做出过激行为只是在以这种方式引起大人对自己的关注。不同年龄段的孩子有不同的心理需求，父母应该在照顾好二孩的同时多与大孩交流，遇到事情多换位思考，做到与孩子共情，不妨多问问"我知道你现在心里很不舒服，你觉得这件事情怎么处理更合适？""爸爸妈妈怎样做，能够真正帮到你？"适时表达对大孩的爱意，消除他心中不被爱、不被重视的顾虑，减少失落感，由此引导大孩接纳弟弟妹妹，做到和弟弟妹妹融洽相处。

其次，公平对待两个孩子，营造和谐家庭氛围。

"子安则家和，家和万事兴。"家庭和睦是一个家的立家之本。很多家庭要二孩的初衷是让大孩成长过程中有个伴儿，不孤单，长大了两个孩子能彼此关心、相互照应。但养育孩子的过程中如果父母不注意方式方法，让两个孩子之间有了隔阂，不但会有违初衷，对孩子的心理健康成长也会产生影响。很多事情不是有些家长想当然认为的孩子长大懂事就好了，需要家长在家庭教育的有效期内从理念到行为上做出改变才行。

二孩家庭的父母更应该注意公平对待两个孩子，不可让大孩感到父母偏心，在物质及精神方面都要避免区别对待。不要因为二孩年龄小，就将情感的天平偏向二孩一边。家长既要鼓励哥哥姐姐力所能及地帮助弟弟妹妹，也要让弟弟妹妹懂得尊重哥哥姐姐；父母要求大孩承担家务劳动、控制使用电子设备的时间、几点前睡觉，上幼儿园或小学的二孩同样也要遵守，当然具体到每一项的规定内容根据孩子的年龄和两个孩子共同做出约定即可。

最后，发现两个孩子各自的优长，不相互比较。

我们常说"不要拿自家的孩子和别人家的孩子作比较"，自家的两个孩子也建议父母不要轻易拿来做比较。即使一母同胞，天赋差异也是很正常的事情。班主任工作中常听到家长说类似的话"我们家老大反应就是有点慢，题一难就转不过弯来。她弟弟就不一样，一点就通。"或者"老大性子慢，做事磨蹭，他妹妹别看年龄小，干事特别麻利。"不少爱晒娃的妈妈在朋友圈里三天两头晒二宝，却难得让大宝露个脸。大孩上初中了，不爱拍照出镜是事实，但稍敏感点的孩子心里对妈妈类似的行为还是会在意、会感到不舒服。与其拿大孩的短处去比二孩的长处，让大孩越比越没自信，不如去发现挖掘两个孩子各自的长板，让他们在各自擅长的领域各显身手，为对方喝彩。

高尔基说过"爱护自己的孩子，这是母鸡都会做的，但教育好孩子却是一门艺术。"二孩家庭对父母的教育智慧更是一个挑战，要想把一碗水端平，更需要不断学习，不断反思，尤其关注大孩的心理变化，在实践中探索出更科学、更有效的适合自家孩子特点的教育方式。那样，孩子们就会朝着父母希望的方向发展，两个孩子更加团结友爱，家庭更加幸福。

30 | 尊重　立约　重建信任
—— 父母该如何看待孩子的隐私权？

很多父母发现孩子升入初中后小秘密变得越来越多。手机设置了密码、看不到他的朋友圈、换上了加锁的日记本、经常回自己房间关上房门接打电话……孩子划定了一块独属的"领地"，不希望包括父母在内的其他人"入侵"，和父母的交流越来越少，原本熟悉的孩子变得越来越陌生。孩子要求父母尊重自己的隐私权，父母则希望全面了解孩子的思想动态，以便更好地行使自己的监护权。很多家庭为此矛盾不断，亲子冲突不断升级。对于孩子捍卫的隐私权，父母究竟该持怎样的态度？又该怎样重建彼此之间的信任关系，为孩子提供适时、适度的帮助呢？

首先，尊重孩子的隐私权。

有些父母偏执地认为"我自己的孩子，他的日记、聊天记录有什么不能看的？""我不看这些也不知道孩子一天天在想什么呀，他遇到麻烦我也不知道。我这样做是为了帮孩子，有什么不对的！"可是这部分父母有没有意识到：当我们破解手机密码、私看孩子日记等行为被孩子识破的时候，孩子对父母连基本的信任都没有了，怎么可能会听得进去任何建议？好的教育首先要以好关系为前提。把亲子关系搞僵了，父母再好的教育方法在孩子身上也是无计可施。每一个孩子在成长过程中都希望得到父母的尊重，而不随意查看孩子的隐私是尊重孩子的具体体现。

　　孩子随着年龄的增长有了各种各样的秘密正是成长的重要标志。孩子之所以不愿意和父母分享，既可能是秘密与自尊有关系，他们不愿意被其他人发现；也可能孩子是打算依靠自己的力量去处理问题，不想依靠外界的帮助；还可能单纯想留一个自由的空间任自己驰骋，和朋友聊聊天，做做喜欢的事情，暂时摆脱父母的管控与束缚。孩子虽然借由父母而来，但他是独立的个体，并不附属于父母。孩子长大的过程是父母逐渐放手、体面退出的过程。作为父母应该给孩子一定的自我成长空间，既尊重了孩子的隐私，赢得了孩子的信任，同时又有利于其独立个性、健康人格的形成。

　　其次，共同遵守对边界的约定。

　　孩子有孩子的隐私，父母也有父母各自的隐私。为了避免个人的隐私受到侵犯，引发一系列的家庭矛盾。可以事先就每个人的边界做出具体约定，提交家庭会议讨论，一旦经过讨论、修改、完善的边界方案以文字的形式确定下来，每位家庭成员都要依此约束自己的行为，尊重、不宣扬他人的隐私。父母更要带头示范，为孩子做出行为表率，不以任何理由强行获取孩子的隐私，建立起家庭成员之间相互信任的关系。当然这并不代表说父母与孩子双方之间对彼此的心事一律闭口不谈，而是采取一种更舒适、温和的方式，让对方愿意主动说出秘密才好。

　　最后，重建亲子间的信任关系。

　　孩子到了一定的年龄，有自己的隐私是很正常的现象。但如果孩子把心门关得过严，凡事都防备着父母，不愿意沟通交流，父母失去了了解孩子的渠道，就需要父母采取措施并做出相应调整了。学生小刘的妈妈因为遇到类似问题，苦于找不到解决方案，曾经主动找我做过咨询。小刘是家中的老大，弟弟还在上幼儿园，本就性格内向的他从初二开始和父母的交流越来越少，晚上回家吃完饭就把自己关在房间里，妈妈进去送个水果他都烦躁得很，原本学习很自律的他有几次还被妈妈发现和同学语音聊天，母子之间也因此发生过语言冲突。好在刘妈没有选择强行看孩子通话记录的方式激化矛盾，而是想通过我了解孩子在学校的表现。在听到孩子一切正常，但是感觉学习压力较大，需要父母少盯成绩多关注情绪的建议后，刘妈执行力很强，立马采取了一系列卓有成效的措施：饭桌上不再追着问儿子作业写完了没有，测验的成绩怎样，而改成每位家庭成员分享一件当天感觉最开心的事情；在聊天的过程中刘妈还会说一些自己初中时难忘的趣事或囧事。每周六下午刘妈还安排了固定的和大儿子的独处时光，一起打打球或者看场电影；告诉儿子他已经长成大孩子了，家里的大事小情、包括爸爸妈妈工作中遇到的难题也会让小刘帮忙出主意……在刘妈的努力下，亲子关系得到了非常大的改善，小刘会时不时地主动向父母寻求帮助，听取他们的建议。

孩子凡事过于强调隐私权，谢绝父母的介入，说明孩子对父母已经有了信任危机。此时父母与其粗暴干涉孩子的隐私，让亲子关系雪上加霜，不如反思自己与孩子相处模式中存在的问题，放下家长的身段，主动与孩子多交流，多聊些孩子感兴趣的话题，营造家庭中平等、宽松、和谐的氛围，使得孩子感受到自己和父母之间不仅是血缘上的亲子关系，更是生活中可以信赖的朋友。这样他就会放心地和父母聊"秘密"，毕竟"大朋友"比同龄的朋友见多识广，给出的建议更具实效。

孩子争取隐私权是他逐步走向独立的标志。父母无论出于好奇还是担心，窥探孩子秘密的行为只能把孩子推得离自己越来越远。而明智的父母会尊重孩子的隐私权、明确各自的边界，并善于自我反思，以便重建亲子间的信任关系，可谓一举多得。

学段指导篇

ACADEMIC STAGE GUIDANCE CHAPTER

31 | 学习方法顺应三大变化
——如何帮助孩子尽快适应初中的学习生活？

从小学升入初中，对孩子来说是跨入了人生一段新的里程。面对新的学习环境、新的学习任务，有些孩子能够迅速做出调整，较快地适应新的学习生活，顺利完成小初过渡；但也有部分孩子还在"以不变应万变，"因循着小学的学习方法、学习习惯，结果出现了种种不适应，每天看似很辛苦，但学习效果不佳。长此以往，自信心就会严重受损。经常听到初一的家长焦急地询问老师："孩子在小学阶段语、数、英都能考 90 多分的，怎么刚上初中这么短时间，成绩就落后了呢？"原因就在于这部分孩子没有跟上初中学习变化的节奏，就像在以 4G 的速度应对 5G 的时代，势必会非常吃力。那么和小学相比，初中的学习生活究竟有哪些变化？家长又该如何帮助孩子适应这些变化呢？

一、学习广度的变化

国家课程在小学主要包括语文、数学、英语三科。但初一学年在三科的基础上增加了历史、道德与法治、生物、地理。体育也是中考考试科目之一，且对必考和选考项目中的各项技能有具体明确的要求。对于不少不爱运动的孩子来说，体质的训练与提升也是一个不小的挑战。还有物理、化学在初二、初三相继开设。科目的增多会让一部分孩子陷入手忙脚乱、顾此失彼的状态。尤其是班级如果一天同时有多个考试科目的课，他们连完成校内作业都要拖拉到很晚。面对学习内容广度上的变化，不少孩子的做法是抓大放小。比如，具体到初一学段，其他学科给语、数、英让路，期中、期末考试前再对这些学科做突击性复习。想几天复习几个学科两三个月的学习内容，效果差强人意就在意料之中了。

要在学科增多、时间有限的情况下保证学习质量，建议的做法是向课堂要效益。树立"堂堂清"，即当堂知识当堂掌握的意识。做到充分利用课前两分钟以及下课前的自主复习时间或课堂检测时间巩固当堂所学内容；上课不等同于听课，不能把自己定位成"秘书"的角色，仅是把老师讲课的内容记录下来，待到课后再去复习。而要做到边听、边思考、边理解、边记忆，充分调动起各个感官协同工作；再辅之以周复习、月复习，巩固学习的成效。还拿考前突击背书的方式应对目前的考试评价方式，是不可能收到理想效果的。

二、学习深度的变化

依据学生从小学到初中在认知、情感、社会性等方面的发展，语、数、英这些小学曾学习过的课程，在学习的深度上也发生了明显变化：由直观的、感性的、零散的知识点变成了更为完整的、系统的知识体系；更加突出对能力的要求，注重课程内容与学生经验、社会生活的关联，加强课程内容的内在联系；命题方向也从解题过渡到解决问题，从做题过渡到做事情。

随着学习内容的加深，对学生逻辑思维能力要求越来越高，注意力、记忆力、学习效率等因素在学习中的作用也表现得越来越突出。鉴于此，学生的课堂听讲就不能再满足于"知其然"，更重要的是"知其所以然"，并且能够把学到的知识迁移创新，解决生活中的实际问题。例如，在英语教学中，对于祈使句这个语法项目，小学生能够依据老师给出的语言结构，模仿造句即可。而初中老师则要求学生通过观察、讨论，自己总结出不同类型祈使句的语言结构，然后运用祈使句为班级、学校图书馆、实验室等功能教室制定规则。所以初中的学习不能再一味等着老师把"鱼"递到嘴边，而要通过反复实践学会"捕鱼"的真本领。

三、教师授课方式的转变

与小学老师活泼、形式多样的教学方式有所不同，初中老师的教学越来越注重传授知识的严密性，注重学生思维方法、思维能力的培养。除要求学生记忆定义、原理等知识点外，更重要的是培养学生掌握、运用知识的能力。初中老师的授课方式与小学老师相比，有一定的共性特点，但每个人因为教学经历、年龄、性格等的不同也会有各自的风格特点；另外，因为教学内容的增加，初中的课堂节奏相比小学要快许多，有同学曾经用"低头捡东西的功夫，再抬头，老师讲的内容已经跟不上了"来形容他对高密度课堂的感受。

针对初中教师授课方式的转变，家长要建议孩子做好适应不同教学风格的老师的思想准备，不以自己的喜好去片面地评价老师；更不能让孩子因为对某位老师的不喜欢、不欣赏影响了对该学科的学习。没有哪位老师不希望自己的学生学业进步，也没有哪位老师会去针对自己的学生。要想有好的教育首先要有好的关系，家庭教育如此，学校教育也是如此。要通过课前预习的方式，跟上老师的快节奏。改变想当然地认为初中老师也会对重难点一而再、再而三强调的思维，改掉边学边玩的习惯，延长注意力的时间并不断提高课堂专注度。

要顺应初中学习广度、深度的变化以及教师授课方式的转变这三大变化，学生必须顺势而为。每个学生的优势智能不同，适合的学习方法也会在普适性的原则下有所差异。在实践中不断反思总结怎样学才能学得好的方法，比埋头学习更为重要。毕竟"磨刀不误砍柴工"，方法比努力更重要。

32 | 树信心　明原因　巧指导
　　——初一第一学期期中考试孩子成绩不理想怎么办？

　　从小学升入初中，孩子的适应情况如何？在新的班集体当中孩子的学习处于怎样的位置？和小学相比有没有明显的变化？类似的问题让多数父母对孩子初中的第一次综合性考试——第一学期期中考试的成绩都比较看重。小学阶段孩子的成绩多以优、良、合格等级的形式呈现，第一次拿到自家孩子总成绩及各科成绩的详细数据，总会几家欢喜，几家愁。不少父母会发现孩子目前的成绩和自己的心理预期有一定的落差，怎么原来各个学科优秀至少良好的孩子就落后了呢？面对不理想的学习成绩，家长该怎么办呢？

　　首先，父母守住平常心，给孩子添动力而不是增阻力。

　　面对孩子不理想的成绩，父母内心焦虑是人之常情。但孩子是学习的主体，他是不是同样更期待在新的集体中以优异的成绩彰显自己的实力呢？面对落后的成绩他是不是更加迷茫与无助，找不到前行的方向呢？所以，此时爸爸妈妈解决问题的方式方法对于孩子未来的发展至关重要。面临同样问题的两个孩子会因为父母对待成绩的不同态度，在接下来的学习生活中呈现完全不同的两种状态。父母在孩子面前不停地唠叨、拿他的成绩和别人家孩子的成绩作比较、埋怨孩子不求上进的行为只能打击他的自信心，让他对考试产生焦虑甚至恐惧情绪。"成绩永远决定爸妈对我的态度。他们自认为给我的是海一样宽广的爱。而我感受到的却是山一样的压力。""考试没考好已经让我够难过的了，可爸妈的态度更是犹如雪上加霜。"孩子们在周记中这样倾诉着内心的苦楚。我所带的2023届毕业生小张在初一的第一次期中考试中也出现了类似的问题，可他如今已经通过自招进入了心仪的普通高中学习，其中的关键就是他背后有一个内心强大的妈妈。张妈当时鼓励孩子，让他三年记忆犹新的话就是："没关系，我们以此为起点，只要每次进步一点点。接受不能改变的现实，改变我们能够改变的。"张妈通过学习《大学》《中庸》《道德经》《黄帝内经》以及撰写反思、孩子的成长日记，逐渐改善了亲子关系，和孩子一起走出了阴霾。

其次，发挥考试的检验反馈功能，找到成绩不理想背后的原因。

期中考试不是选拔性考试，对于孩子而言，其目的就在于检验阶段性的学习成果，明确下一步的改进方向。但是如果父母过于关注成绩这个结果，就误导了孩子对于考试真正意义的理解。日常教学中老师们发现许多学生曲解了期中、期末试卷讲评的目的，把精力放在了分数有没有错，能不能找回一分半分上，而不是关注寻找知识的漏洞以及如何填补漏洞上，根源即在于此。

问题早暴露出来早解决对于孩子来说是一件好事。所以，父母在调整好自己的心情、安抚好孩子的情绪后要做的事情就是找成绩不理想背后的原因。父母可以和孩子一起或者指导孩子来分析捋清问题。比如是各科的成绩都不理想还是某一、两门学科的问题？是平日就发现了问题没能解决还是此次考试集中爆发出来的问题？具体到每一个学科是知识不会导致的问题还是审题原因或时间分配问题。把这些问题一一厘清，孩子也就知道下一步努力的方向了，解决了"我也想学好，但不知道怎么学"的问题。父母还可以借此机会，加强与孩子老师的联系，主动寻求老师的帮助。听听他们对孩子目前问题原因的分析以及给出的建议，家校配合更利于见到效果。

最后，不空谈方法，给孩子切实具体的帮助。

初一第一学期的期中考试成绩不理想，从宏观的原因分析：一是孩子小学学习基础的问题，另外还有升入初中适应快慢的问题以及与新的学习要求相匹配的习惯养成问题。通过对成绩与试卷的深入分析，找准原因之后，父母还要帮助孩子明确具体的解决办法。比如要解决孩子上课听讲质量不好的问题，仅靠他每天出门前父母反复叮嘱"上课一定要认真听讲，别走神！"或者既然上课听讲不行，就靠课后补习的方法，都解决不了实质性的问题。父母可以启发孩子总结自己学得好的科目课堂是怎么听讲的，能不能迁移到其他学科的课堂中去；或者引导孩子留心观察周边课堂效率很高的同学是怎么听讲的，有没有自己可以借鉴的方法；还可以告诉孩子自己某个学科都已经放下很多年，基本忘光了，请孩子经常把课堂所学讲给自己听一听。只要家长专注于解决孩子的具体问题，就可以想到很多办法，给到孩子切实可行的帮助。

初一第一学期期中考试孩子成绩就不理想表面看是个"坏事"，似乎为整个初中段学习的不顺利埋下了伏笔。但只要父母能守住自己的平常心，呵护孩子的自尊心、自信心；抓住机会，找准问题；给孩子提供切实可行的帮助，孩子就会朝着父母所希望的方向发展。孩子被一次成绩"打趴下"还是重新"站起来"，父母从中发挥的作用可不容小觑。

33 | 了解规律　顺势而为
　　——父母该如何应对孩子出现的"初二现象"？

　　我刚刚参加工作的时候，就常常听到老教师以"初一相差不大，初二两极分化，初三天上地下！"来形容初中三年学生整体学习的特征。近三十年工作下来，确实深有同感。除此以外，对于班主任来说，初二学年的班级管理相对也比较复杂，学生经常是小错不断，"事故"频发，令很多班主任应接不暇。不少教育界同仁把学生在这一阶段集中暴露出的诸多问题称为"初二现象"，那么家长该如何应对孩子可能出现的"初二现象"，帮助他们顺利完成该阶段的学业，并为初三的冲刺夯实根基呢？

　　初二易产生两极分化的主要原因在于学习内容从广度到深度的变化。初二不仅在初一所学学科的基础上增加了物理学科，且语文、数学、英语等各学科从内容难度上也有明显增加。对比显示，初二一年学生需要掌握的知识量是小学六年总和的两倍；初二下学期对于青岛的学生还有一个重要任务是参加生物、地理二组合的学业水平考试，等级达 C 是报考公办普通高中的"门槛"条件。所以，一部分平日二组合成绩在 D 边缘以及 D 等级的学生还需要拿出相当多的时间和精力备考这两科的学业水平考试；初二阶段的学习对学生的逻辑思维能力也提出了更高的要求，这对于部分习惯了以听老师讲为主要学习方式，而不会思辨、实践、应用创新的学生来说就会学得越来越吃力，以至于逐渐掉队。

产生"初二现象"的第二个主要原因是学生生理及心理的急剧变化。初二学生一般在 14 岁，这个年龄段的孩子正值身心骤变的时期，身体外形的变化使他们产生了成人感，但心理发育还不够成熟。身心发展的不平衡使他们面临一系列心理危机。男孩儿容易冲动、逞强好胜；女孩儿更加注重自己的外表、多愁善感。第三个原因是对学校环境、班级环境、老师、同学的日渐熟悉，使初二学生对初中生活不再像初一那样充满新鲜感，同时感觉距离中考还有很长时间，所以一旦碰到这样那样的困难，学生思想上容易产生消极懈怠的情绪。

要解决学习上有可能被分化、掉队的问题，父母首先要引导孩子树立远大理想与奋斗目标，把个人的前途命运和国家的需要结合起来，明确要实现这个理想分几步走，落实到当下，需要为理想的实现做哪些具体的工作。很多孩子之所以没有学习的动力，就是因为心中没有方向，包括部分家长也认为现在想那么长远没有用，还是要看孩子能学到什么程度再考虑未来发展。我们有这样的生活经验，如果走路去某个地方，明确知道目的地就会一路顺畅。反之，同样的路程感觉上就更远、耗时更长，这和学习是一个道理。

家长发现孩子学习上遇到困难，要及时与孩子耐心沟通了解原因，也可以主动与老师联系，找到问题的根源所在，给予孩子适时适度的帮助。家长要关注孩子的学习过程而不是盯着他的考试分数；指导孩子改变固有的学习习惯，从被动学习向主动学习转变，从依赖性学习向独立性学习、自主性学习转变；引导孩子不能仅满足于完成学校老师布置的作业，也要有自己的学习计划和学习节奏；引导孩子改变死记硬背的学习方法，善于思考，寻找事物之间的内在规律；培养发散性思维，在"做中学"、在"学中用"。通过进一步端正学习态度，激发学习动机，养成学习习惯，提高学习能力，优化学习方法实现学习境界的进阶和提升。培养孩子的意志力和抗挫折能力，父母可以和孩子一起读名人传记，汲取他人成功的经验，也可以和孩子聊聊自己或周边熟悉的人的成长经历，告诉孩子挫折是锻炼人的意志，磨炼人的能力的好机会，没有任何一个人不付出努力，就能够随随便便成功。

了解孩子的身心发展规律，帮助其平稳度过成长关键期。家长如果对青春期孩子的生理及心理发育特点、思维发展特点、生理变化对心理活动的影响等有充分了解，就不会对孩子突如其来的变化没有任何心理准备，就会对孩子的各种"异常"行为多一些理解。即使孩子真出现了问题，也不会束手无策，而会运用科学的方法去解决问题。建议父母提前读一些青少年心理健康方面的书籍，了解相关知识。读一些家庭教育指导方面的书籍，缓解自身的焦虑情绪，还可以增加与同龄孩子家长的交流，相互学习。注重和谐家庭氛围的创建对于这个年龄段的孩子也尤为重要。要建立和谐的亲子关系。父母想要帮助孩子解决学习、人际交往过程中遇到的种种问题，第一步是要赢得孩子的信任，让他愿意对父母敞开心扉。这就需要父母掌握一定的沟通技巧，做到多听少说、多商量少命令、多鼓励少批评，改变"我说的对，你就要听我的"这种"专制式"的大家长思维，平等地和孩子对话。在家庭中被悦纳、有安全感、父母懂得共情、亲子之间能好好说话的孩子不会有那么多戾气，不会过于渴望从异性朋友处寻找情感的寄托、不会把能量消耗在虚拟的网络世界里，内心会有力量支持他面对各种困难。

初二是孩子身心健康发展及学业发展的关键期和转折点。父母既要充分认识到"初二现象"的客观存在，但也没有必要如临大敌、严防死守。只要父母高瞻远瞩、了解并顺应孩子生理及心理发展的规律，顺势而为，孩子就会安全度过"身心骤变"阶段，实现从初二到初三的平稳过渡。

34 | 家长三部曲　孩子轻松学
——怎样帮助孩子提升时间管理能力？

　　初二是初中三年学生学习的科目最多的一年，增加了物理学科，中考考试科目由初一的八科增加到九科。初三因为地理、生物已经结业，增加了化学学科，学习的科目还是 8 科。初二学习的科目多了，难度又比初一上了一个台阶，部分孩子感觉越来越力不从心，靠延长学习时间来完成每天基本的学习任务，压缩了休闲时间、减少了睡眠时间，可学习效果往往还不理想。因为尽管"时间，像海绵里的水，只要愿挤，总还是有的"，但时间对每个人都是公平的，再挤每天就 24 小时，学习时间的长短并不重要，重要的是单位时间的效率。工作中我们会发现绝大多数学习顶尖的孩子都不是靠拼时间拼出来的，他们既会学，又会玩，繁忙的学习之余每天还能做自己感兴趣的事情来补给能量。拉开学生成绩差距的一个重要原因其实是时间管理能力的差异。

　　时间管理能力不仅影响学习的效率，还能影响生活质量。有研究表明：一个人时间管理能力越强，睡眠质量越好，面对考试的焦虑水平则越低，越不容易出现沉迷网络的行为，自我效能感越好，幸福感越强。具备时间管理能力好处多多，那么父母该如何帮助孩子提升时间管理的能力呢？

　　首先，为孩子把脉，摸清问题。

　　时间管理包含两个因子，一是计划时间即对学习的时间规划，另一个是检测时间即对学习时间的过程监控。父母的监督和对时间管理技能的强化有利于提高孩子的时间管理能力。孩子每天学习到很晚，还只能勉强完成各科老师布置的作业，根本没有时间自主复习和预习，这是父母看到的结果。与其抱怨、催促、指责不如和孩子坐下来找到问题的症结所在，如果孩子不明所以，可以指导他连续记录一周时间日志，记录回家后到睡觉前的各个时间段完成的事情，所用时长。通过对比一周的时间日志，分析目前孩子处在时间管理意识不强、没有时间规划、规划不合理还是对规划的执行力不强的阶段。厘清了问题，再指导孩子采取针对性的措施解决问题。调查数据显示，越是民主型的家庭，孩子的时间管理能力则越强。因为在和谐有爱的家庭氛围中，孩子既能在遇到问题时，通过与父母的良性沟通，一起来解决问题，又有自己独立的被尊重的空间，利于孩子自我能力的提升。

其次，开好时间管理处方，对症下药。

时间管理能力是需要在学习、实践中不断提升的。但目前不少初中生的现状是白天按照课表上课、听课，晚上完成各科老师布置的作业，不同学生之间的区别在于作业完成的质量高低。能每天对时间有所规划且对照计划执行的学生所占比例不大。家长不妨指导孩子每天回家坐在书桌前的第一件事是对照当日各科任务量的多少规划时间。第一步罗列总任务：除了完成作业，列出复习、预习的科目及内容、自我奖励做喜欢的事情的时长。第二步，根据开始学习时间到既定睡觉时间的总时长合理规划、细化做每件事的具体时间。这样就等于把一个大目标细化成了若干小目标，把大段的学习时间划分成了小块，相当于像白天学校的学习一样有了课程表。这样做就可以在很大程度上避免拖延、忙乱、熬夜等问题，限时完成任务可以提高做事情的专注度，而且能时时体验到按时完成计划的成就感。家长在这个过程中扮演的角色不是监工，而是孩子成长的见证者。应当允许并且鼓励孩子通过听歌、看闲书、刷微博等方式来奖励自己完成了计划，做到劳逸结合。开始这样执行的时候每天花几分钟和孩子一起聊聊计划完成情况，哪些方面做得好，值得肯定；哪些因素影响到了计划的按时完成，及时复盘，以确保每日计划更合理，更具实操性。

最后，及时复查，巩固成效。

要想把每日按时完成计划的成果得以巩固，内化成孩子时间管理的能力，需要孩子持之以恒，同时也考验着父母监督的技巧和耐性。平日的学习规划执行得不错，到了周末就想给自己放两天假，彻底放松放松，就破坏了时间管理的连贯性；把每日各科老师布置的学习任务分解到当天的各个时间段，到了寒暑假，就不知道全天的时间该如何规划，整个假期如何安排休闲、作业、复习、预习的时间，这些都需要父母及时发现问题，及时出具新的"处方"。时间管理是一门学问，不是实践一周、两周就可以轻松驾驭的，所以父母要和孩子一起做好长期实践使之习惯成自然的准备。父母不能对这事监管上几天，就放任孩子自己去执行，毕竟十几岁的孩子自制力还不够；过程中遇到执行不畅、拖延等情况也属于正常现象，父母既不能操之过急，否定孩子为此做出的努力，也不能强制要求孩子按照自己的想法列计划并执行，还是要耐心引导孩子找出问题的解决方案。比如根据学科的不同特点及个人的学习特点安排时间，需要大量的阅读、理解、背诵的东西，安排时间比较长、精力比较充沛、不容易受到干扰的时间段来做。那些精力不太旺盛，比较容易受干扰的时间用来做题。因为做题的时候需要动笔，可以强迫孩子集中注意力，即使孩子精力不太充沛，仍然可以达到练习的效果。

掌握了时间管理技术，初二的孩子便可以在很大程度上解决学科多、内容难、时间紧的问题，从而提升学业质量及生活质量。所以，请您通过把脉找问题、开处方解决问题、复查巩固成效的方法帮助孩子提升时间管理的能力，孩子的学业定会取得事半功倍的效果，顺利度过初二分化期。

35 | 父母莫给孩子帮倒忙
——孩子马上初三了，学习严重偏科怎么办？

　　暑假期间连续接到几个家长的咨询，内容都是关于孩子马上初三了，学习严重偏科怎么办的问题。这几个孩子当中，有的语文、英语成绩还不错，可一提数学就头疼；有的则数学、语文不愁，英语一直是"老大难"。尽管家长意识到孩子偏科已经不是一天两天的事情了，可随着中考的日益临近，问题愈发凸显，找到解决问题的方案已经迫在眉睫。

　　要解决孩子偏科的问题，家长首先要清楚问题产生的原因，才能够"对症下药"。根据美国发展心理学家加德纳的多元智能理论，每个人至少有八种不同的智能，即语言、逻辑数学、肢体运动、音乐、视觉空间、人际、内省以及自然探索智能。八种智能以不同方式、不同程序组合在一起，使得每一个人的智力各具特点。所以孩子偏科是因为个体突出智能不同导致的结果。假如孩子逻辑数学智能突出，而语言智能不突出的话，很可能数学成绩突出而语文成绩一般。偏科是很正常的现象，也是学生中普遍存在的一种现象，家长不必对此过于焦虑。因为家长的焦虑，丝毫不利于问题的解决，反而会让问题变得更加棘手和糟糕。

　　家长若能做到让孩子主动"想学""要学"薄弱学科，而不是自己干着急，孩子偏科的问题也就解决了一大半。偏科其实是一个心态问题，有些学生因为对某一门学科不擅长、不感兴趣，用在上面的时间便不多，甚至不想学习这门课程，久而久之，就对这个科目产生了排斥甚至恐惧的心理，成绩也就与其他科目拉开了差距。要让孩子做出改变，家长别再主动揽责，"孩子随我，我上学的时候某某学科就学得很差"的话建议不要再讲。因为类似的话会让孩子对问题错误归因，即认为自己某个学科学不好，是遗传的问题，个人再努力也改变不了基因。这样家长无心的话反而让孩子当成了不主动作为的"挡箭牌"；帮助孩子体验成功，增强自信心，提升对薄弱学科的学习兴趣是解决问题的关键一环。假如一个孩子从初一开始，每次数学考试不管题难题简单，都考不及格。尽管努力了一段时间，成绩依然没有起色，再不被鼓励，还因此挨批评、受指责，他很快就会形成习得性无助，会对数学失去兴趣，甚至产生逃避的心态。要解决类似的问题，建议家长做到与孩子共情，理解孩子的难处，毕竟即使是成年人也很容易在自己不擅长的事情面前退缩。真正做到不拿孩子的成绩与别人家孩子的成绩做比较，不拿孩子弱势学科的成绩和他自己优势学科的成绩做比较。如果数学薄弱，就拿他现在的数学成绩和自己过去的成绩做纵向比较，只要有一分的进步就予以肯定，即使成绩未见提升，也要看见孩子学习过程中态度或方法的改变，及时给予评价、鼓励。

孩子做到了主动"想学"，下一步要做的就是"会学"，改变不科学的学习策略与学习方式。父母为之要做的是尊重孩子的认知规律。"欲速则不达。"但现实生活中，许多父母深知"木桶理论"的道理：知道决定一只木桶容量的，既不是最长的木板，也不是平均长度的，而是最短的那根木板。所以不少父母着急帮助孩子补短板，对学习的指导策略是"优势学科给弱势学科让路"，要求回家先写完薄弱学科的作业，导致孩子对写作业产生畏难情绪；有的父母则给孩子的薄弱学科报课外大班辅导课、小班课，还有大学生一对一辅导课。如此的"有病乱投医"，一方面很容易触发孩子的逆反情绪，对学习这门学科越来越反感；另一方面，毕竟一个人的学习时间、精力是有限的，学了这个就不能顾及那个。这种做法有可能导致孩子的薄弱学科成绩没补上来，原本的优势学科也失去了优势，得不偿失。父母的明智做法是不要不断强化薄弱学科的概念，这只会一直提醒孩子"你这个学科不行"，既增加了他的心理负担，又不利于其自信心的提升；父母对于初中孩子的学习不必过度指导，过度参与。像写作业顺序的问题，家长只能建议孩子通过实践，调整到适合自己的高效的方式，比如把薄弱学科的几样作业分别穿插在能够轻松驾驭的学科之间，而不必强求孩子一定按照家长的想法来。孩子清楚自己薄弱学科的痛点、难点在哪里，针对性的补习才能解决问题，所以在补习的问题上家长不能一厢情愿，把结果搞得适得其反。

对于薄弱学科的具体学法，建议孩子把精力放在抓学科的基础知识、核心知识上，"抓大放小"，不要把大把时间放在抠难题上，不要一下把目标定得过高。先熟练掌握40%的基础题、40%的中档题，达成阶段目标之后再向下一个目标推进；初三的学习任务更重，时间更紧，对于知识上的盲区靠大量刷题发现问题，再逐一击破既费时又费力。这时候不能再就一个问题解决一个问题，不能再解决单个知识点的欠缺而要以点带面。例如孩子在同一份英语试卷的不同题型中出现了两次现在完成时态的错误，就要在搞清楚这两处错误具体的成因外，对现在完成时态以及其他课标要求掌握的五个时态做系统的梳理，并通过专题训练加以巩固，减少时态问题再出错的概率。

孩子在学习上出现严重偏科并不可怕，要紧的是父母和孩子站在一起，理性地看待成绩。父母深信孩子能学好其他学科，薄弱学科也一定能行，不断给予孩子积极的、正向的引导。父母莫给孩子帮倒忙，不焦虑、不唠叨、不过多干预，孩子就容易跨出解决问题的第一步。而一旦孩子有了自主解决问题的内驱力，一切的困难都会在勇敢的人面前低下头来，迎刃而解。

36 | 合理期待　科学指导
——怎样帮助孩子缓解考试焦虑？

考试是学校生活中非常平常的事情，是检验教师教学及学生阶段性学习质量的重要手段。一个孩子从小学到中学，要经历大大小小、数不胜数的考试。可是仍有很多孩子会在期中、期末、毕业升学等重要的考试前、考试中产生过度焦虑的情绪，表现为考前吃不下睡不着、心浮气躁，考试中手抖、出冷汗、注意力难以集中。每年中、高考都会听到学霸马失前蹄，也有"黑马"脱颖而出的事例，其中的关键因素就在于应考的心理状态。作为家长，该如何帮助孩子缓解考试焦虑，以确保其正常发挥出个人水平、颗粒归仓呢？

一、学会共情，创造安全、民主、和谐的家庭氛围

考试焦虑是有很多原因造成的。一部分孩子很担心考试成绩不好会对不起父母。所以建议即使在毕业升学等大型考试前，也尽量保持正常的家庭生活秩序。随着考试的临近，有些父母在家中一改常态，变得说话小心翼翼，走路蹑手蹑脚，甚至请假在家，全方位照顾孩子的生活起居，在不少孩子看来父母的这些行为不但没有帮助，反而会增加他们的心理负担，增强考试考不好的负罪感。更不要拿类似"你看我为你牺牲这么多，你还不知道努力学习"类似的话来道德绑架孩子，激化矛盾；还有一部分孩子的考试焦虑源于过往的痛苦

经历。面对孩子不佳的考试成绩，家长不是和孩子一起坐下来分析原因，找到解决问题的办法，而是非打即骂。这样的教养方式，自然会让孩子把考试与挨打挨骂的外部刺激联系起来，产生考试焦虑。面对孩子惨不忍睹的成绩单，父母正确的方式是告诉孩子"爸爸妈妈爱你，不是因为你优异的成绩。失败了也没关系，我们总结教训，在摔倒的地方爬起来就好。家的大门永远为你敞开，孩子。"

发现孩子出现了较为严重的考试焦虑症状，父母首先要做到共情。告诉孩子"爸爸妈妈看到了你的恐慌、担忧、紧张与不安。爸爸妈妈很理解你的种种感受。我们现在即使比你阅历丰富，在接受有挑战性的任务时或者为一件事情夜以继日准备了很久，在接受检验的时刻也会有焦虑的情绪"。而不是对孩子的焦虑表现出不屑一顾或者直接以过来人的经验告诉他该如何处理情绪。

二、帮助孩子对考试焦虑形成正确的认知

适度的考试焦虑是正常的心理状态，适度紧张可以维持大脑的兴奋，增强学习的主动性和积极性，提高注意力和反应速度。如果孩子对考试已经麻木，内心不会为此产生任何的波澜，反而不利于水平的发挥。相反，如果焦虑过于频繁、过于激烈，或者变得难以掌控时，不但考试成绩受影响，长此以往，甚至会形成焦虑性人格。心理学中的耶克斯—多德森定律可以用于解释这个道理：动机强度和工作效率之间的关系不是一种线性关系，而是呈倒 U 形曲线关系。中等强度的动机最有利于任务的完成，一旦动机强度低于或超过这个水平，对行为反而会产生一定的阻碍作用。有了这样对考试焦虑正确的认知，孩子就不会对其再抱有过重的心理负担，卸下包袱去悦纳自己真实的情感体验，通过自主调节考试动机来缓解过度的考试焦虑。

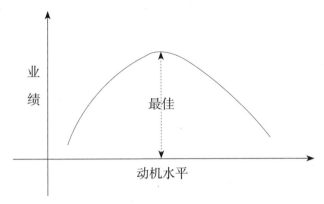

耶克斯 – 多德森曲线

三、帮助孩子改变对考试的片面认知

产生考试焦虑的主因不在于考试本身，而是孩子自身对于考试的认知。很多孩子片面地把考试分数和未来直接挂起钩来。他们学习的目的就是为了升学考试。一旦成绩没有达到预期，就会对其后果产生一系列的联想：我的成绩这么糟糕，考不上好的高中怎么办？上不了好高中就上不了好大学，上不了好大学就找不到好工作该怎么办？有如此这般心理，考试就成了一种巨大的负担，越临近考试，就越感到焦虑。

父母应该帮助孩子意识到，成绩只是体现他在一个阶段内对所学知识的掌握程度或者对这些知识运用能力高低的一种评价方式。成绩的好坏受到很多主观和客观因素的影响。与其战战兢兢于考试的结果，不如把注意力放在关注于学习的过程，享受解决每一个问题的当下。把考试当作检验阶段性学习成果以及发现问题的过程，不必因为平时一次或几次成绩的失利就轻易自我否定。人生有无数种可能性，即使中高考的一时失利，只要能理性看待，不轻言放弃，再回首反而是难得的人生阅历。学生小雅就是这样一个例子，一直是年级学霸的她中考意外失利落到第二志愿，三年后的高考中考出了青岛市区文科最高分，被清华大学录取。

四、合理期待，不要将大人的焦虑传递给孩子

家长对孩子应该有正确的定位，不要总拿自己的孩子和别人家的孩子盲目攀比，或者期待着孩子在毕业升学等重要考试中能发挥出自己的最好成绩。很多时候孩子的焦虑来自家长自身对孩子高期待带来的焦虑。教孩子要"拿得起，放得下""不要太在意结果"，家长就要首先身体力行。过度焦虑的孩子往往性格内向，敏感。内心焦虑的家长即使竭力掩饰，一个微表情，一句不经意的话都可能把焦灼不安的情绪传递给孩子。家长与其把精力耗费在对考试结果的担心上扰乱自己的心绪，不如降低期望值，陪伴孩子科学作息，健康饮食，一起散散步，聊聊共同感兴趣的话题来缓解紧张的备考压力。正如梁晓声所言："孩子若是平凡之辈，那就承欢膝下；若是出类拔萃，那就让其展翅高飞。接受孩子的平庸，就像孩子从来没有要求父母一定要多么优秀一样。"家长有了这样平和从容的心态，非常有利于缓解孩子的考试焦虑。

适度的考试焦虑是学生正常的情绪反应。对于过度焦虑的孩子，家长也要放平心态，找到焦虑行为背后的原因，合理期待，因势利导，做好孩子强大的精神后盾，让其有能力独自勇敢地面对接下来的人生中无数次大大小小的"考试"。胜不骄、败不馁，勇往直前。

37 | 学无定法　学定有法
——初三夜自习时间孩子怎样安排才能高效?

自从初三开设夜自习以来，绝大多数家长对孩子校内两个小时的自主学习效率反馈满意。但横向比较的话，同一个班级的学生，相同学习时长创造的劳动价值差距还是非常大的。班级的小A放学极少背书包回家，她回家的任务是练琴，将来准备走艺术专业。尽管花费在学习上的时间比同学们少很多，可小A学习成绩依旧名列前茅。而中等成绩的小B则每天的作业都要写到11点甚至更晚，家庭因此经常发生矛盾，父母却束手无策，每天轮流陪到很晚，苦不堪言。根据加德纳的"多元智能"理论，每个人的突出智能不同，适合的学习方法也不尽相同，但"学贵得法"，拉开小A与小B差距的并非智力因素或学习基础的差异，而在于时间管理能力、自主管理能力的差异，家长不妨建议夜自习效率不高的孩子做以下尝试。

一、统筹规划　详尽安排

绝大多数学生对于当天自习课先写哪些作业，后写哪些作业，作业所需时长都没有规划。因为在学校基本可以完成当天的作业，甚至省掉记录作业的环节，按黑板上各学科的作业顺序看一项写一项，自习临近结束时写到哪儿算哪儿，这样的安排自然导致整个人的自习状态松散。建议的做法是自习课前按学科记录好各项作业。晚自习开始的第一项任务是在作业记录本上标注各科作业完成的顺序及每项作业的预估完成时间，计算完成当日作业总时长，以便确定是否有富余时间安排自主学习任务。先完成自己不够擅长的学科，以便在校内及时得到同伴或老师的帮助。也可将不擅长学科与驾轻就熟的学科作业交叉完成，以免思而不得其解的情绪造成负面干扰。拿出对待考试的态度认真限时完成每一项作业，并记录完成每项作业的实际时长。自习课结束前对比预估作业时长和实际时长，对当日自习状态进行自我评估。

尽管每天的自习开始、结束时拿出几分钟做规划及复盘看似是浪费了时间，实则大大提高了自习过程中的学习效率，所谓"工欲善其事，必先利其器"就是这个道理；且长此坚持，时间管理的思维形成，学习日见成效会助推形成稳固的学习内驱力，使得学习这件事走上良性循环的轨道。

二、聚沙成塔　聚水成涓

用"分"计算时间的人，比用"时"计算时间的人，时间多 59 倍。但并非每位同学都能在行动中践行这个看似浅显的道理。自习开始时要花费好几分钟才能进入学习状态，离自习结束还有十几分钟便开始按捺不住的躁动；学习过程中喝水的习惯、趁老师不备吃东西的习惯、转笔的习惯、东张西望的习惯、不知不觉走神的习惯、和邻桌打手势的习惯……这诸多看起来不是大问题的小习惯也会积少成多，严重影响学习的质量。做到"零走动、零抬头、零交流"，深度学习的前提是做好自习课的前期准备工作。不建议把校内自主跑步锻炼的时间放在晚餐后、自习前的短暂时间，更不赞成个别学生不在校内晚餐、夜自习后回家再吃晚饭的做法，对身体、学习均有害无利。建议学生在自习课前二分钟回座位坐好，不将与学习无关的食物、水杯放在桌面上；养成勤动笔的习惯；养成坐姿端正的习惯；养成不受外界干扰的习惯；养成有问题下课解决不随意打扰他人的习惯。好习惯受益终生。

三、张弛有度　把握节奏

部分同学本着充分利用碎片化时间的原则，两节自习课之间的课间也在座位上奋笔疾书；还有的同学在不会的习题上长时间纠结影响了自习课的效率。事实证明，单位时间的效率而非学习的时长影响学习成绩的高低。与其长时间低效率作战不如充分利用课间休息时间做个短暂的放松。完成作业是学习的手段而不是学习的目的；与其没有思路还要在一个题上死磕，不如暂且搁置，重新梳理老师课堂上讲过的内容，使零散的知识点体系化、结构化。写作业前先复习不失为提高作业效率的一个好方法。

初三学年要保障充足的睡眠和第二天的学习效率，让整个学习的过程处于良性循环状态，合理安排夜自习时间，提效增质是关键。

38 | 不要为走"特长生"而培养特长
——初中阶段要不要继续练琴棋书画了？

2022 年 5 月初，特长生的报名考试拉开了青岛市中考招生工作的序幕。班级中有 8 名同学报名参加了 2 中、58 中、1 中、39 中等学校的艺体特长生考试。考试于周末进行，当周便有同学下午或夜自习请假，或请专业老师进行考前指导，或在家进行突击训练。一名同学干脆请了一周假备考。最终小张、小杨分别以弦乐第一名、绘画第一名的成绩被二中拟录取，小姜被 67 中篮球专业拟录取，家长在得知被拟录取的消息后都第一时间给班主任发来信息报喜。在为录取的学生开心的同时，一时间孩子上了初中要不要继续培养特长成为办公室老师们热议的话题，尤其是自家孩子在上小学、初一的几位老师，达成的一致意见是小时候学的特长初中也不能放下，万一初三成绩不如意，中考可以通过走"特长生"进一类高中。对此结论，我持保留意见。

升入初中，随着学业压力的增大，孩子们周末时间多用于了文化课的学习，对于从小学习的各种艺体特长到底该继续学习还是放弃，也是许多家长关心的一个话题。依我来看，这个问题没有统一答案，要因人而异。

一、建议家长把选择的主动权交给孩子

不少家长认为初中的孩子毕竟生活阅历浅，受年龄的限制心性还不定，

在关乎学业前途的大事上不能一味尊重孩子的意见，需要家长把握大方向，以免有一天孩子长大了反过来埋怨家长当年任由他的性子来，耽误了大好前程。但特长这件事情真不是家长一厢情愿能决定的。无论琴棋书画还是田径、篮球、排球、足球要达到一定的水平，除了后天的努力，天分和自身的喜好程度是十分重要的因素。

以小张、小杨为例，她俩能排在二中各自专业拟录取名单的榜首，水平可想而知。小张考二中的特长确实是有备而来。她从小学六年级起就在国外一家音乐学院设在天津的非全日制学校就读，周末经常赶往天津上课。而小杨则没有清晰的考特长生的规划，还误以为自己所获证书不具备报考条件，差点错过了报名考试的机会。但两人的共同特点有两个。一是不以学专业为负担，反而当成了繁忙学习之余的调剂。别的孩子多是大人催着练特长，她们是累了、心情烦躁不安的时候在琴声中、在绘画中找寻内心的安宁。正是基于这种心态，小张在初中还能保持每天至少两个小时的练琴时间，小杨则在假期几乎天天泡在画室而乐此不疲。二是两个孩子在初中就已经有了清晰的职业规划。小张准备就读国外顶级艺术学府的本科，毕业后从事艺术教育工作；而小杨的目标学校是国内顶级美术学院，长大后从事与设计相关的工作。对于像小张、小杨这样真正喜欢所学特长、将来想走专业的孩子，家长自然应该支持她们。事实证明，知道自己的远期、近期目标的孩子也有能力处理好特长与学业之间的关系。因为有平日深厚的功底，特长生考试前小张、小杨没有请一节课假突击准备，她俩的学习成绩也非常优秀。

我的肖像画（绘画者：小杨）

二、不建议家长为让孩子走"特长生"而培养其特长

如果家长仅是把考特长生当成进优质高中的捷径，孩子对此并不感兴趣，将来也不准备在特长方面进一步发展，不如干脆选择踏踏实实的学习。首先，在孩子自身内部动力不足的情况下，想在所学专业上有所造诣几乎是不可能的。毕竟"兴趣是最好的老师"，没有哪项特长是不需要投入时间、精力、体力就能学好的。而仅靠考个好学校的信念是很难成为孩子长期持续投入的推动力的。其次，很多家长都有拼特长进好学校的想法。而岛城 15 所普通高中特长生的招生人数有限，有限的人数具体到孩子所学专业招生数更是寥寥无几，出现 10∶1 的报录比是很正常的现象。所以选择这条路竞争形势也是非常严峻的。再者对于高中学校的选择，家长不能仅仅考虑眼前能不能考进的问题，还要着眼于孩子未来三年甚至更长远的发展。以特长生身份录取的考生，虽然是编入普通班学习，但多数学校是要求加入校乐团、校队参加训练并代表学校参加比赛的。这是否与家长、孩子的初衷相一致？另外即使靠特长进入了理想的优质高中，如果在文化课上与同学差距甚远，高中阶段对孩子心理的考验是非常大的，没有一定的逆商和抗挫力是很难适应新的环境的。

如果孩子对发展特长尽管谈不上热爱，但也不反感；对于未来是否从事与特长相关的工作在初中阶段也难以确定，要根据未来学习成绩的情况再做出选择，就建议家长提前关注与孩子特长相关的大学招生政策变化的动态，本地高中特长生的招生政策变化动态，以及高中特长生的报名必备条件等，把掌握的信息客观地告知孩子，并一起商定初中阶段在特长培养方面该做出怎样的选择。家长慎重的态度，参与了决定自己未来的被尊重的感受，都会让孩子做出对自己负责任的选择，并心甘情愿为之加倍努力。

初中阶段的孩子尽管还没有形成完整的认知，但家长不能因此剥夺他们对自己人生做出选择的权力。孩子借由我们而来，但他们首先是独立的个体，其次才是我们的孩子。少一些功利之心，尊重孩子对于初中是否要继续培养特长，花多少精力培养特长的选择权，尽力支持孩子，是明智家长应该做出的选择。

39 | 量体裁衣，不盲目跟风
——我家孩子适合走自主招生吗？

2023 年 5 月 22 日是青岛市 25 所参与自主招生的高中学校公布结果的日子。为了赶在 5 月 25—27 日正式填报中考志愿之前有近期参考成绩，22 号多数初中学校在组织二模考试。不少进入了自招面试的孩子带着惴惴不安的心情进入了二模的考场。上午 9 点过后，各高中学校开始公布结果。被录取的学生家长陆续发来好消息。班级 29 名参加自主招生的学生中，被 2 中录取 1 人，58 中录取 2 人，9 中录取 1 人，39 中录取 1 人，另有 1 人被其他普通高中录取，1 人被民办高中录取，录取比占 24.1%。当日中午作为班主任，我首先一对一安抚了进入自招面试环节未被录取的学生的情绪，又对自招失利的学生群体进行了心理疏导，鼓励他们从沮丧的情绪中尽快走出来，在余下的 20 天全力备战中考。

自 2023 年 1 月 30 日青岛市局属普通高中自主招生工作方案公布以来，两个主要的变化吸引了二组合达到 C 等级及以上的绝大部分考生。第一个变化是优化资格确认及录取方式：根据自主招生测试总成绩，按照自招计划由往年的 1∶1.2 改为 1∶1 比例公示获得自招资格学生名单。也就是说获得自招资格的学生只要达到"局属普高一段线"即可被录取，大大缓解了其中考的压力；第二个主要变化是自主招生笔试命题调整为由市教育局组织初中、高中教师依据义务教育课程标准进行统一命题，很大程度上避免了各高中学校自己命题出现的高中知识下移，出偏题、难题、竞赛题的现象。

尽管 5 月 19 日自招笔试时间与 6 月 13 日开始的中考开考时间间隔不足一个月，很多学生投入大量时间及精力准备自招考试科目，甚至有学生提前一周请假在家复习，干扰了正常的学习节奏。在"全民自招"的大形势下，如何指导自家孩子定方向，稳心态显得至关重要。

自主招生考试科目成绩是否占优势是选择是否自招以及投入多大精力备战自招的先决条件。

2023 年青岛市 13 所局属公办普高当中 9 所学校自招考物理和化学科目。2 中分校、6 中、66 中、67 中 4 所学校考物理和历史科目。尽管自招笔试命题依据义务教育课程标准进行统一命题，但自招属于选拔性考试，不考超出课程标准的题目，不考学科竞赛知识、不考高中知识直接下移的题目的"三不考"要求不包括附加题。附加题在物理卷中占 20 分、在化学和历史卷中均占 10 分。全力以赴备战自招的学生势必会在附加题部分的准备上投入大量的精力。而中考是毕业以及升学考试两考合一，备考的方向和自招有所区别，且 2023 年青岛中考沿用往年的录取政策，即语数外三科计分，满分 360 分。其他学科成绩以组合等级形式呈现。优质高中对于包含物理、化学、历史、道德与法治、体育的一组合要求是达到 B 等级。在初三下学期如何分配备考自招和中考的精力，家长首先要有针对自家孩子的明晰方向。

我仅以 2023 届所带班级的三类学生为例来浅析初三下学期备战自招和中考的建议。

第一类学生，语数外成绩优异，一组合成绩达 B，但物化成绩不突出。这类学生中考的目标学校是一类高中，不可能在自招中因为物化成绩相比不占优势屈就于二类高中。这类学生的家长中能做到不盲目跟风，直接放弃自招，静心指导孩子按照自己的节奏备战中考的少之又少。在胜算概率不大的情况下，不建议对自招全力以赴。一是因为每个孩子的优势智能的确是有差别的，不可能靠突击达到能力大幅提升的效果；第二个原因是三至五月份是学校各科一轮、二轮复习的关键时期。其他学科为自招学科让路，一周甚至更长时间请假备战自招的损失太大。不能接受自招失利的结果，影响到后期的自信心和学习的状态是更糟糕的一个结果。

第二类学生，自招学科的成绩比起语数外成绩有明显优势。这类学生适合通过自招提前锁定心仪的目标学校。班级自招 2 中成功的小刘的做法值得借鉴。小刘语数外成绩尽管没有物化突出，但成绩稳定，进入一类高中还是比较有把握的。所以他对于自招的心态相对平和，家长也没有施加过多的压力，权当多了一次机会。自招备考期间，小刘没有请过一节课假，校内各科作业一如既往认真完成。对物化，采取了自主复习优先的原则。课间经常看到他和几个小伙伴在黑板上写写画画，探讨问题。因为喜欢钻研，尽管小刘化学从未上过任何课外辅导班，他仍能通过自招成功上岸；因为合理平衡了中考和自招的备考，小刘二模的语数外成绩也有了大幅提升。

第三类学生，符合自招的报考条件，但自招考试科目属于明显劣势学科。这部分学生家长大多能理性看待自招考试，指导孩子把精力放在语数外成绩及一组合等级的提升上，而非拔苗助长。在地基尚未打牢的情况下一味囫囵吞枣地拔高难度。至于是否参加自招，建议尊重孩子自身的意愿，结合孩子的心理承受能力权衡定夺。

中考不是孩子一个人的孤军奋战。爸爸妈妈作为孩子强大的后援，在孩子是否参加自招、自招学校的选择、备战自招时间、精力的投入方面不能盲目跟风、自乱阵脚，而要量体裁衣、审时度势。毕竟努力的方向对了，努力的过程才更加有意义。

40 | 做孩子坚实的后盾
—— 中考三天，家长怎样陪伴会让孩子
更安心？

中考是孩子人生中一次重大的挑战。随着考试日期一天天临近，大多数孩子会出现正常的紧张焦虑情绪。很多家长尤其是妈妈们这个时候比孩子还要紧张，但却努力保持镇定，唯恐自己的情绪影响到孩子的考试状态。那么中考三天家长该怎样陪伴会让孩子更加安心呢？

首先，请做好孩子的后勤部长。

每年送考，都会碰到孩子忘记带准考证的情况。尽管考点会让考生正常进入考场，但电话联系家长送准考证势必会影响孩子考试的心情，增加不必要的心理负担。所以建议家长每场考试出门前确认考试专用袋中准考证及必备的2B 铅笔、0.5 mm 黑色签字笔、橡皮、尺子、圆规等考试用品已准备就绪。

为确保孩子准时到达考点，请提前熟悉到达考点的路线及路程所需时间，预留出相对充足的交通堵塞等不可控因素可能耽搁的时间。对于家长是否送考、是否在考点外陪考、是否需要在考点附近订宾馆等问题，若家长和孩子的意见不一致，请充分尊重孩子的意见，相信孩子的能力。同时家长提前做好突发状况的预案，确保万无一失。

考试期间充足的睡眠对孩子的考试状态也很重要。但有的孩子会因为过度担心而失眠，尤其是第一天考试的前夜更容易出现辗转反侧、睡不好的情况。

遇到这种问题，家长跟着担心，告诉他赶快安心睡觉，别影响第二天的精神状态，甚至一会儿进孩子的房间看一次，只能加重他睡不着的焦虑。家长应告诉孩子人体是具备应激功能的，即使 24 小时不睡觉，大脑仍能正常工作。于是，孩子就容易放下对睡不着可能带来的后果的担心，心情放松了，有利于快速进入睡眠状态。

考试期间的饮食尽管非常需要营养，但不宜打破孩子常规的饮食习惯，以防引起肠胃的不适。着装也以舒适、孩子穿着自在为标准，前一天晚上备好要穿的服装，不必在关键的时间节点上为此和孩子发生不愉快的争执。

其次，请控制好自己的情绪，接纳孩子的情绪。

每场考试结束，家长渴望第一时间了解孩子答题是否顺利的心情是可以理解的。但建议家长抑制住这种欲望，一句"孩子，亲苦了！"比"考得怎么样？"给孩子的感受会更加温暖。孩子自己愿意分享考试情况，那就耐心倾听，给予鼓励就好。孩子不主动提，家长便不要主动问。建议孩子考完一科就卸下一科的思想包袱，不与他人核对答案，不通过查书或上网查阅资料确认答案的正误，以免影响后面科目考试的情绪。

如果孩子某科考完情绪不好，甚至有些情绪崩溃，家长首先要控制好自己的情绪。不能孩子着急，你比他更急。孩子对自己的要求不同，自我感觉的好与不好的标准则不同。追求完美的孩子 120 分的题没拿满分都可能自我评价为没考好，而自我要求不高的孩子拿个 80 分就感觉好到要飞起来。所以家长要做的是接纳孩子的情绪，做孩子忠实的听众，让他把情绪发泄出来，而不是埋怨或者着急告诉他该如何如何或者去劝慰。等孩子情绪慢慢平复下来，一句"爸爸/妈妈很理解你此时的心情，现在你认为该怎么办呢？"孩子当然知道往事不可追，会把精力放在准备后面学科的考试上，并会引以为戒，避免再犯同样的错误。

最后，请帮助孩子调整应考的心态。

中考之所以让孩子紧张、有压力多源自于对考不好的结果的担心。那不妨在考前为孩子减负担、卸包袱：中考很重要，需要全力以赴；但中考不是生活的全部，人生的赛道不以中考的输赢定胜负，所以轻装上阵、竭尽全力就好。做对每一道会的题目，拿到能拿的每一分，规范答题踩好每一个得分点，不出意外就是胜利。考场上不纠结于几个题没做出来，不去计算该科能考怎样的分数，就专注于解题的过程。把中考当成换个考点的一次期末考试，心态越平和，越容易进入最佳考试状态，取得最满意的成绩。

把握好答题节奏和大的时间段，不必频繁看钟表徒增心理负担。等待监考老师分发试卷的时间可以采用腹式呼吸法减缓紧张焦虑的情绪；通过积极心理暗示"我已久经沙场，我不怕""我已准备充分，我能战无不胜、攻无不克"来帮助孩子为自己打气，增强克服困难的勇气。

家长朋友们：考试，考察的是孩子的知识能力与学科核心素养，同时考察的还有孩子的心态，应考的状态。考试考查的是学生，也是家长。您这三天陪伴的质量，您的一言一行、一颦一笑都有可能给孩子的情绪带来正向或负向的影响。做孩子坚实的后盾，放松心情、放平心态和孩子一起出发，您准备好了吗？

学习指导篇

LEARNING GUIDANCE CHAPTER

41 | 体验成功，品尝学习的甜
——如何培养孩子的学习兴趣？

"兴趣是最好的老师。"孔子曰："知之者不如好之者，好之者不如乐之者。"孩子们小时候都对未知的世界充满了好奇，不停地追着大人问这问那，似乎脑子里装着"十万个为什么"。但随着年龄的增长，经常听到家长抱怨"孩子对学习一点儿也提不起兴趣，一说学习就犯困"。课堂上也经常碰到多数学生兴致盎然，积极互动，少数学生却精神游离。那么，家长培养初中段孩子的学习兴趣还管用吗？该怎样培养呢？

一般而言，孩子的学习兴趣与他们的学习成绩、学习信心是高度正相关的。孩子对某门功课越感兴趣，学习成绩就越好，学习信心也就越足。反之，对学习不感兴趣的孩子多是成绩不理想、自信心不足的孩子。学习兴趣的培养与学习习惯的培养一样，当然是越早越好。但初中的孩子还没有定型，还有很大的可塑性。所教的历届学生中都有初一入学时的小"学酥"，三年逆袭为"学霸"的例子。当然，没有一个"学霸"是横空出世的，这期间除了孩子个人的努力，家长在背后的付出可想而知。初中阶段的学生家长在培养孩子学习兴趣方面仍有空间可为，但前提是相信孩子且方法科学。

首先，通过体验成功的方式帮助孩子重拾信心，避免习得性无助。

很多孩子对学习不感兴趣的原因不在于学习这件事情本身，而是源于成绩带来的沮丧、压抑、自我否定、无助等负面的情绪体验。相信每个学习不好的小孩儿都曾经努力过，挣扎过，因为每个人都有向上的愿望。但当这些努力犹如投入波涛汹涌的大海中的一颗颗小石子，掀不起任何微澜的时候，当这些努力没见着什么成效，也没被大人看到继而认可的时候，就会形成习得性无助——一种在反复经历了不受自己掌控的负面刺激后，习得的一系列无助的感受、想法和行为。成绩糟糕不可怕，可怕的是孩子放弃了为改变现状再做出努力的行为。

通过不断体验成功带来的愉悦感，家长可以帮助孩子逐渐克服对学习的畏难情绪，培养学习兴趣。例如从相对擅长的学科入手，先重拾自信，再带动其他学科成绩的提升；降低学习的难度：对于一份考卷，成绩再不尽如人意，家长也要抱着接纳的态度，给他相对充分的时间把不会的题弄懂、弄通。当他认为整份试卷的题目都会了的时候，再把错题做第二遍。即使第二遍又出现了错误，也要肯定孩子努力后的显著变化。开始这样实施的时候，第二遍的题目可以和第一遍的完全相同。这样坚持一段时间，可以把个别题目稍作改变或者换成同一个考点的另一种考察方式。这样做的成效，一定优于花钱请一对一的家教。其一，因为孩子看到了家长的耐心、用心，切实感受到了家长的关爱；其二，不会的题目是孩子自己通过各种途径解决的，这无疑会提升他的自信心和自豪感，继而转化成进一步学习的动力。另外，纠错的过程对于孩子来说就是化解知识难点与盲点的过程，做错题的变式题的过程就是举一反三的过程。

其次，帮助孩子把学习和兴趣相结合，学用结合，寻找学习的乐趣。

"不吃读书的苦，就要吃生活的苦。""吃得苦中苦，方为人上人。""书山有路勤为径，学海无涯苦作舟。"学习给孩子的印象是一件苦差事，没有苦行僧般的定力，没有头悬梁、锥刺股的恒心和毅力是干不好学习这件事的。但其实学习也可以是一件很快乐的事情，家长不妨给孩子学习的"咖啡"里加点"糖"，让他不时地品尝点儿学习的"甜"。有些男孩儿喜欢养各种稀奇古怪的虫子。只要家长不嫌弃孩子整天不务正业，还能爱屋及乌，对这些虫子表现出足够的兴趣，那还用发愁孩子的生物学不好吗？放手让孩子制订家庭旅行计划也许会使孩子爱上地理；和孩子一起看看新闻，聊聊时事，树立正确的价值观，培养独立思维，孩子怎能学不好道德与法治？允许孩子空闲时间追她喜欢的美剧，听她喜欢的英文歌，孩子的英语学习也就来了兴致。学习不是只有上不完的课、背不完的书、做不完的题。家长学会适当的示弱，多给孩子创造在生活中学以致用的机会，不仅可以提升他们的学习兴趣，还可以融洽亲子关系，何乐而不为呢？

最后，要培养孩子的学习兴趣，家长的态度、方法固然重要，做好孩子时有反复的心理准备也非常必要。

初中阶段，因为学习科目的增多、学习难度的加大、学习要求的提升，学生之间的差异相比小学，表现得更为明显。很多家长面对孩子相对落后的学习成绩，意识到问题的严重性，决心以自己教育理念、教育行为的改变带动孩子的改变，这非常好。但同时请大家做好打持久战、需要不断努力来自我提升的思想准备。毕竟孩子学习态度、习惯、方法方面存在的问题都不是一朝一夕形成的。孩子也很难通过我们一个阶段激励性的语言、包容接纳的态度、几次成功的体验就形成稳固的学习兴趣。改变的过程中孩子会因为遇到难以突破的"瓶颈"或者他人负面的评价等"躺平"甚至打回原形。这些都是"黎明前的黑暗"，是这个年龄段孩子正常的心理表现。这时候更需要家长耐下性子，给足孩子强大的心理支持。

积极心理学之父马丁·赛利格曼把兴趣看作儿童最需要培养的品质之一。在培养孩子学习兴趣的过程中，父母任重而道远。父母的样子就是孩子的样子。而孩子们的样子就是未来社会的样子。

42 | 激发学习的内部动机是关键
——为什么物质奖励不管用了？

经常听到家长发出类似的疑问：为了哄着孩子好好学习，我们家长想尽了各种办法。小学的时候考试考好了，奖励顿大餐，领着看场电影还管用。现在只要达到了既定目标，都答应买他想要的名牌鞋、换手机了，可孩子还是不好好学，一点儿学习的主动性都没有，这该怎么办呢？

我想造成孩子缺乏内驱力的原因可能有以下三方面。一是目标定得不切合孩子当前的学习实际水平，让他觉得再怎么努力，目标都遥不可及、高不可攀，不如放弃无谓的挣扎。二是在一些家庭中如果不能以学习奖励的形式在父母这儿获得对某物质的需求，孩子还可以在生日等场合从祖父母辈那更轻易地达成所愿，最不济还可以动用自己的压岁钱，何必要学得那么辛苦呢？更主要的一个原因是不同年龄段孩子内心需求的变化。小学阶段孩子的学习以外部学习动机为主。一朵小红花、一个大拇指小印章都可以满足他们被肯定的期待，都能激励他们表现得更好。但中学阶段孩子的学习主要受内部动机的影响，他们更渴望通过学习来满足自己的好奇心和求知欲，体验学习过程中获得知识本身带来的愉悦感以及克服困难取得成绩的满足感。这种愉悦感和满足感又可以作为一种激励形式，加入原有的内部学习动机，形成良性循环。对于中学阶段的孩子如果再用简单的物质奖励激发学习动机，往往难以持久稳定，有时候还可能因为物质奖励满足不了个人的需求起到反作用。

拥有了适度的内部学习动机就像给身体内部装入了动力十足的马达，会推动孩子向自己的目标努力前行，孩子会呈现自主的学习状态。比如课堂上认真听讲，和老师有积极的眼神互动、问答互动；课后不会的问题主动与同学探讨或向老师请教；即使学习过程中遇到挫折，也能客观分析，从失败中吸取教训，不会轻易被困难打倒，葆有恒心与毅力。

每个孩子在学习方面都有向好的愿望，这一点毋庸置疑。但学习的内部动机却不是随着年龄的增长自动形成的，激发学习的内部动机需要家长与孩子一起做出努力。

一、明确学习的意义与目标

孩子升入初中后，学习的科目增多，难度增大，压力增强。在面对学业困难的时候，不少孩子都会发出这样的疑问："我这么起早贪黑地学习究竟有什么意义？就为了考一个好高中，上个好大学，将来有份好工作？""大学生都找工作难，不上学也未必没出息。学不学不是一样的结果，何必辛苦为难自己呢？"面对孩子的迷茫和彷徨，家长可以通过个人或其他人的成长经历告诉孩子学习的过程是为未来奠基的过程。学习的知识可能很快会更新迭代，但学习的过程中培养的学习能力、分析解决问题的能力、与人合作的能力、创新思维以及情商、逆商、恒心、毅力等都会受益终生。学习的意义不仅是为将来有一技之长养家糊口、立足社会，还有利于掌握更多的主动权和选择权，与志同道合的人一起做喜欢的事，有能力帮助更多的人，担当起国家建设者和接班人的使命。学习不是初中生活的全部，但一定是这个阶段的主业。

在教育实践中，我们会发现孩子内心装着清晰的目标是其进入自主学习状态的动力源泉。越是胸有大志，有理想抱负，明晰自己未来职业规划的孩子，越有可操作性强的近期、远期规划，学习的内部动力就越强，长远的发展也的确如人所愿。反之，学习目标不明确，制定的目标太高或太低；学习目标不稳定，不停地更改学习目标，都会让人呈现一种得过且过、被动应付的状态，学习效果自然也就不尽如人意。

二、提高自我效能感，避免习得性无助

"自我效能感"由美国著名心理学家班杜拉率先提出，通俗地说是指对自己能不能学好的自信程度。自我效能感越强的孩子，学习的内部动机就越高。即使在学习过程中遇到困难，也不会轻易被打倒，善于反思，富有挑战精神。增强自信心是提高孩子自我效能感的有效途径。同样考80分的两个孩子，一个家长的反应是"班上多少同学分数比你高啊？怎么连小学比你学习差的都考得比你好了？你就不能争口气吗"。而另一位家长的做法是"扣的20分现在能改对多少了呢？只剩这道不会？自己解决不了就去问问同学老师，明天讲给妈妈听，好吗？错题给你提供了发现问题、解决问题的机会，是件好事，一定要抓住机会。"前者关注的是分数，发泄的是情绪，后者关注的是问题解决，方法指导。两种不同的沟通方式长期作用于孩子，是内耗还是唤醒学习内驱力结果一目了然。

当孩子在学习中连续失败时，家长要谨防孩子破罐子破摔，出现习得性无助。对学习的无力感会让孩子自惭形秽，无所适从，干脆不战而退，缴械投降。敏感的孩子甚至可能会因此产生焦虑、抑郁等心理问题。因此对待学习，父母要结合孩子的实际情况，报以合理的期待，让孩子和自己的过去比，不和别人比，设定阶段性的小的明确的目标，有进步就给予肯定，让孩子从父母的言行中切身感受到学习是他自己的事情，体验不断突破自我的快乐，悦纳自己，相信自己能行。

三、相信努力付出，方法得当必有回报

观察身边学习被动、呈现自暴自弃状态的孩子主要有两种心态。一是把学习挫败归因于自己脑子笨、接受能力差，而与生俱来的东西后天是没办法弥

补的，只能选择摆烂。二是认为自己也努力过，课上也在认真听讲，课后按时完成作业，可依旧改变不了落后的状态，努力也没用。

面对有第一种心态的孩子，作为父母要反思孩子消极认知的源头，从改变自己做起，改变亲子沟通中批评多赞扬少、否定多认可少的现状，引导孩子不要把学习成绩不好归因到不可控的因素，只有归因于努力程度、学习方法等可控因素时，才会激发内部学习动机；对于持第二种心态的孩子则要帮助他们分析自己的努力是真努力还是感动了自己的"假努力"，方式不对抑或是努力的持久度不够。学习是一次长途旅行，不会努力了就立竿见影见成效，只有量变积累到一定程度才会发生质变。如一只蝉你可能只看到它一夜之间蜕变成成虫，破壳而出，展翅高飞，却不知它为了这一天已经在树干内度过了数年甚至数十年。在内心建立起只要方法正确、努力付出就会有回报的强链接，孩子便会有勇气面对过程中的各种困难，并且持之以恒，不断进步。

学习的内部动机隐藏在每个孩子的内心深处，唯有把它激发出来，孩子才会自主学习，学习兴趣、学习效率才会逐步提升。而激发学习动机的主体是孩子，是老师，还有爸爸妈妈——孩子终生的老师。您做好准备了吗?

43 | 警惕父母的评价酿成孩子的假努力
—— 孩子已经很努力了，为什么成绩还是不理想？

经常有父母在和老师交流的时候发出类似的疑问："孩子每天学习都到深夜，赶着去睡觉都不睡，家长跟着天天熬都快熬不住了，可成绩还是没有什么起色，到底是怎么回事？"有的还会追问上一句"老师，你说他是不是就是反应慢，他这样还有希望考上高中吗？"当被告知观察下孩子是不是在"假努力"的时候很多家长愕然。

假努力是学生中比较普遍存在的现象。这部分学生花费了大量的时间在学习上却没有产生预想的效果或者收效甚微。假努力不仅影响了学生当前学习成绩的提升，还会降低他们的自信心，形成对自我的错误认知，影响到个人未来的发展。假努力的实质是用形式的忙碌掩盖思维的懒惰，用时间的消耗逃避困难的解决。那么，父母应该如何帮助孩子解决假努力的问题呢？

首先，不要拿学习时间的长短作为衡量孩子是否努力的标准。

孩子的假努力和家长的家庭教育理念不无关系。面对初中升高中的竞争压力，不少父母在家里见不得孩子不学习，孩子稍微休息一会儿就开始唠叨"已经玩儿了很长时间了，快点儿学习吧！"看到孩子坐在书桌前就比看到他在家里闲溜达心里踏实。见孩子每天挑灯夜战，成绩仍然不理想还可能反过来安慰孩子努力了便不后悔。孩子也会因为花费了大量时间用于学习的自我感动而降低对于不理想成绩的愧疚感。可如果仔细观察，家长可能会发现孩子之所以每天学习到很晚是因为他把前面大把的时间消磨在了问同学作业、抠橡皮、走神等无关的事情上了，等意识到再不快写，就写不完作业的时候才开始奋笔疾书；还有可能是孩子上课专注度不够，造成写作业困难，要一边翻书一边写，解一道题需要花上别人几倍的时间，自然拉长了学习的时间；另外还有一种可能是短时间内恶补前面学习落下、遗忘的内容，接近期末考试前两天才开始熬到凌晨背诵复习学科知识点。这和另一位平日学得扎实且考试两周前就制订了详尽的个人复习计划，每天按部就班执行计划，考前每天轻松复习的孩子比，能说学到凌晨的孩子更努力吗？

其次，请提醒孩子不做任何形式上的假努力。

一些对孩子的学习及时跟进的家长经常会通过检查课本、笔记本的形式来判断孩子的学习情况。看到孩子课本上圈圈画画各种标注、笔记本记得既工整又美观，还时不时备注提醒"重点，一定要记住！"家长就认为孩子的上课听讲一定很专注、学习很努力，但考试成绩出来家长也会和孩子一样为付出得不到回报而感到沮丧。但仔细分析试卷，你会发现孩子出错的字在书上明明是单独重点标记过的，做错的题的相关知识在笔记本上也可以找到出处，问题是孩子仅仅停留在把老师强调的重点用笔记录下来，而没有印在脑海里，内化成自己的知识。这就需要家长在肯定孩子做的现有工作的同时，建议增加一个学习环节：每天反问自己今天记录下的重难点内容我都掌握了吗？建议孩子通过复述或者做题检验的方式来确认自己的学习效果。

刷题是很多家长和学生认为很有效的一种学习方法，但其实不懂得刷题的真正意义，题做再多也是在假努力。不少孩子很享受除了完成老师布置的作业，自己一晚上又做了几个单元的英语试卷、几节数学配套练习的成就感，可是刷了很多题目，却没思考过哪些题是需要做的，哪些题是一个知识的重复练习不需要做的；积累了很多解题思路，却没梳理不同思路的优劣，再遇到类似题目时在很短的时间内仍然很难快速做出最佳选择；对于做错的题目，只是对照答案订正了过来，却没梳理错题背后的真正原因是什么，没有通过做变式题来检验自己的掌握情况，那下次再做同样的题目很可能还会重复犯错。同样是做题，真努力和假努力的孩子取得的效果是不一样的。

最后，请告诉孩子独立思考的重要性。

"学而不思则罔，思而不学则殆。"但教学中会遇到一些孩子对作业中老师给批改出来的错题不及时订正。究其原因，一个是不重视，二是不会订正也不知道通过请教同学或老师的方法来解决问题。归根到底，还是因为没有端正学习态度，失去了写作业的真正意义。已经就读于二中的学生小杨没有上过一天课外辅导班，中考英语取得了118.5分的优异成绩（满分120），就是源于她善于思考，及时发现学习中的问题，主动解决问题。尽管我没有对学生提出统一要求，但小杨每次测试的改错后面都有一个对此次成绩的简单分析及具体改进措施，她还会阶段性地请老师分析试卷，听取老师建议的。还有学霸在介绍学习经验的时候提到：学了一段时间问问自己学到了什么，把知识输出出来，讲给自己听，或者主动给同学答疑，在帮助他人的同时，有利于对自己的学习有非常清楚的认知，不必等到期中或期末成绩出来才发现问题。

学习不是一种姿态，不是只要做出努力学习的样子就一定会有学习的效果。初中阶段孩子之间学习成绩的差异，非智力因素起着更为关键的作用。所以请父母们从改变对孩子学习的不恰当评价开始做起，一旦孩子假努力的行为被纠正，把学习落到实处，就会发现学习较之以前要更加轻松，就会学有所成，使得整个学习过程步入良性循环的轨道。

44 | 关注课前、课中、课后三环节
——如何帮助孩子掌握科学的学习方法？

联合国教科文组织总干事埃德加·富尔在《学会生存》一书中指出："未来的文盲不再是那些不识字的人，而是那些不会学习的人。"人生来具备学习的能力，但是否能学得好，于初中的知识难度而言，比起智力因素，非智力因素起着更为关键的作用，其中科学的学习方法尤为重要。

初一第一学期的期中考试后很多家长面对孩子的考试成绩单，都会焦虑地发出这样的疑问：孩子小学各科成绩都在 90 多分，怎么上了初中就不行，就落后了呢？家长该怎么做才能帮到孩子？很多孩子对于"努力"不见成效也满腹委屈，或把成绩不好的原因归因于基础差，能力不如人，干脆放弃挣扎，接受现实；或把原因归于学习方法不当，但深究究竟是哪里不当，该如何改进，却答不出所以然。虽然每个人的优势智能不同，学习方法不尽相同，但把握课前预习、课中听讲、课后复习三个关键环节是共通的方法，关键看方法的运用是否能一以贯之，扎实落地。

一、课前预习是高效学习的前提

如果把上一节课比作一个寻宝的过程，预习的好处在于它能帮孩子明晰

要找的宝贝是什么形状、颜色。当它出现的时候孩子能快速寻找到这个宝贝。明确了寻宝的目标，自然会减少过程中的盲目性。班级学霸小胡同学在分享她的学习经验时提及的主要一条就是预习：升入初一前的暑假她没有像绝大多数同学一样报初小衔接班，而是在妈妈的指导下把初一上学期语数外三科内容进行了充分的预习。尽管初一的四次期中、期末考试她没有展现出绝对的优势。但初二、初三屡次考试成绩的独占鳌头证明了预习带给她自主学习能力的提升和厚积薄发的力量。

明确了预习的重要性，那么该如何进行课前预习呢？仅蜻蜓点水地通读一遍教材用处不大，关键是要发现运用以前的知识体系解决不了的问题，做好标注，以便带着问题听讲；再通过习题自主检验预习的效果，通过课堂听讲达到解决课前解决不了的问题的目的。并非每个学科教师的作业都会布置具体的预习任务，所以需要家长引导孩子培养自主预习的自觉性。高效预习会让学习过程呈现良性循环状态，减少作业用时，取得事半功倍的效果。但绝大多数学生因为很少有预习带来的成功体验，往往认为学习就是上课听讲以及完成老师布置的作业，忽略了学习三部曲中重要的前奏部分。

二、课堂听讲要避开两个误区

误区一：课堂笔记记得越详尽越全面越好。

课堂笔记是回顾课堂主要内容及重难点的主要抓手，便于提纲挈领，将零散的知识体系化。许多老师尤其是文科老师在教学中也很重视记课堂笔记的功用，会对学生进行相关方法的指导。但即使同一个班级的学生对同一名教师的相同要求执行情况也会千差万别。有的学生的笔记形同虚设，有的则仅抄录教师的板书或在课本上圈圈画画，有的学生笔记则既详尽又清晰美观。但笔记详尽全面其实并非其高配标准，有时反而会因此耽误了本应用于思考的时间，忙于记录而无暇跟上教师的思路的做法得不偿失。记笔记的目的既然是便于复习，所以要以方便自己使用为目的。建议用符号区分哪些是课下待记忆、待思考、待巩固的内容，快速对信息进行分类处理并对笔记进行适当的留白，以便课后复习做二次笔记时补充标注、添加例题等使用。

误区二：课堂上认真听老师讲课是关键。

孩子每天离开家门上学前不少家长习惯性的耳提面命："上课一定要认真听讲。"其实这句话值得商榷。首先听讲不等于听懂，听懂不等于真懂，听会不等于真会。如果孩子能把每节课的目标定位在尽可能多地记住并消化当堂内容而非"认真听讲"上，在听的同时他便会有意识地把新知识与学过的知识进行有效链接，学思结合，调动眼、口、手等多个感官积极参与学习的过程，提高课堂效率的同时减轻课后的负担。其次，以"学为主体"的课堂教学中教师一节课的讲授时间不足 20 分钟，大量的时间用于师生间的对话、生生之间的合作探究。不认真倾听其他同学的发言，把老师对其他同学的作答评价置若罔闻，等于浪费了一半多的课堂时间，所以课堂听讲不能仅限于传统意义上的听老师讲，善于倾听同学们的奇思妙想并加入自己的判断同样有助于深度学习的开展。再者所谓"听讲"不能只听不讲，怕出错而避开老师的目光，意味着错失在人前锻炼提升表达能力的机会以及让老师了解孩子思维过程并适时点拨的机会。而让思维可视化其实是帮助孩子将注意力集中在解决问题的过程上的一个绝佳方法。

三、课后复习要注意三个问题

首先是独立完成作业。

独立完成作业看似老生常谈，其实很多学生作业拖拉低效的原因即在于此。我所指的"独立"除了常规意义上的不抄袭他人作业，主要想强调两点：一是不经过大脑信息加工处理而照搬课本、笔记抄写完成的作业，在大脑中的信息留存率极低。因此像历史、道法、语文等学科的作业即使有现成的答案也建议孩子先独立完成再与答案进行对照，这就需要写作业前先复习，而不要颠倒两者的顺序。二是不要养成靠搜题软件解决作业疑难的习惯。很少有孩子能把搜索来的答案自己彻底研究明白再写到作业本上，抄搜索来的答案和抄袭作业尽管方式不一样，但结果都达不到通过写作业巩固所学知识的目的。孩子自制力不强的情况下搜题的过程也会因为网络的吸引力无限延长作业时间。对于作业中不会的题目要有思考的时间，仍不会做建议到校后再向老师、同学请教。有辅导孩子作业能力的家长也不宜及时提供帮助，有求必应。适当"示弱"才能让孩子摆脱依赖，学会独立思考并主动解决问题。

其次是重视错题。

及时订正老师在作业批改中发现的问题，养成作业发下来后先改错的习惯；建立各学科的纠错本，尤其要重视各章节、单元、期中、期末等阶段性检测的改错质量，分析解题过程的哪个环节出现问题导致错误，正确答案为什么是这个而不是那个，做到知其然并知其所以然，举一反三。比起盲目的刷题，把错题真正搞清楚弄明白，减少复现率是更为有效的学习方法。利用错题整理软件将错题制成电子版，根据二次、三次复习的效果随时删减错题或根据正确率重新把错题归类不失为一种便捷的方法，值得尝试。

再次是及时复习，做到"日清日高"、融会贯通。

心理学家艾宾浩斯的遗忘曲线告诉我们，遗忘在学习之后立即开始，而且遗忘的进程并不是均匀的。最初遗忘速度很快，随着时间的推移，遗忘的速度减慢，遗忘的数量也就减少。因此，对当日学习的知识及时进行复习力争做到"日日清"，不留"卡点""盲点"很有必要；利用周末的时间把一周的各科重点知识通过思维导图等形式进行归纳整理；一个月再做一次阶段性复习，复习的形式不能只是机械性重复，而要捕捉到知识之间的内在联系，将零散的知识体系化。在这一过程中，遗忘的速度会减缓，学习者的能力则会螺旋上升。

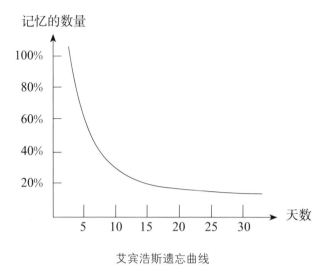

艾宾浩斯遗忘曲线

　　尽管与小学相比，初中的学习科目增多，难度加大，节奏加快，对学生的自主学习能力要求提高，但家长只要帮助孩子把握好课前、课中、课后三环节，不断优化其学习的过程，相信取得令人满意的学习结果便是水到渠成的事情了。

45 | 莫让父母的无心之举影响孩子专注习惯的培养

——如何提升孩子的专注力？

专注力是一项非常重要的心理品质，是一切学习的开始。专注力强的孩子做事情态度积极主动，有恒心，注意力集中，办事高效。反之，专注力差的孩子处理事情不分轻重缓急，精力易分散，办事拖沓，不仅严重影响眼下的学习成绩，对今后的持续发展也会埋下很大的隐患。经常有家长询问类似的问题：孩子上课听讲注意力不集中，总爱走神怎么办？孩子写作业不专心，一会儿玩玩这个，一会儿动动那个，一点儿作业都要磨蹭半天怎么办？我家孩子每次考试都要犯粗心的错误，开始觉着是一时大意，可每次都改不了该怎么办？这些问题都是专注力不够所导致的结果，那么父母该如何帮助孩子提升专注力呢？

一、不随意给孩子贴上专注力差的标签

专注力不完全等同于注意力。《心理学大辞典》将专注力界定为注意的一种状态，指的是在固定的一段时间内，个体的思维、行动指向并集中在任务和活动上的状态，当个体处于专注的状态时往往只在意活动和任务本身，对外部的事物毫不关注，在专注过程中个体经常会出现凝视、倾听等具体行为表现。根据这个释义，专注力是比注意力更高阶的一种状态。虽然小婴儿已经具备无

意识注意的能力，但孩子的专注力一般要到 4 岁才逐步发展。所以父母不要动不动就把"多动症""专注力差"的标签贴在孩子身上，不但起不到让其静下心来做事情、凝心聚力的效果，反而强化了他的弱点，容易把他人的评价形成自我认同，觉得自己天生就有这种劣势，根本改不了。比如妈妈与其天天唠叨孩子写字不专心，甚至撕了让他重写，引发亲子冲突，不如换个说法"这一页写得很不错！"或者"这几个字写得不错，后面就照着这个标准写。"通过正面激励的语言引导孩子明晰努力的方向。

二、不随意干扰孩子，提供安静做事的空间和氛围

父母都希望孩子做事情用心，养成专注的好习惯。可现实的家庭生活中常常会有这样的场景：孩子在自己房间里写作业，妈妈在打扫卫生，弟弟或妹妹在客厅里跑来跑去，爸爸在忙着打电话处理各种业务。在这样一个嘈杂的环境里，想让孩子一个人专注于作业中，没有从小的专注力训练是不可能的。有的家庭比较重视给孩子创造良好的学习环境，孩子学习的时候家人也不看电视，尽量减少各种噪声干扰。可父母一会儿进房间送个水果，一会儿送杯水或者给孩子陪读，他写着英语作业，你告诉他数学作业错了哪些题需要订正。这些行为看似是在关心孩子、帮助孩子，可实际上都会打断他思维过程的连续性，让他没有心思专注于手头的任务。孩子在课堂上容易东张西望、走神，考试的时候难以集中精力，出现各种粗心错误，都和在家庭中的学习环境有关系。

三、立规矩，培养良好的学习习惯

很多孩子之所以出现写作业磨蹭、专注力不高的问题是因为在家里没有养成良好的学习习惯。父母应该和孩子尽早就此达成一致意见，把规矩成文写下来，通过记录目标达成清单形成稳固的习惯。比如学习的环境越简单整洁越好，手机、iPad、玩具等不要放在触手可及的地方；坐下学习前就像学校上课

前的二分钟铃那样做好各种准备，明确接下来的时间要学习哪一门学科，需要
用到哪些书籍、本子，都提前做好规划及相应的准备；不同年龄段的孩子，专
注力长短是有区别的，可以和孩子事先商定好分段学习每段的时长，即集中精
力学习多长时间休息一次，休息多长时间等细节问题，借鉴番茄钟时间管理法
来规划时间。每天学习任务结束的时候，让孩子自己在目标清单上记录规矩执
行情况，及时复盘。行为上的改变带来的成功体验会激励孩子把好的习惯坚持
下去。父母在这个过程中起到的不应该是监督者的角色，而应该是共同执行者
的角色，比如读书的时候把手机放在另一个房间，给孩子做出表率。如果孩子
在家里能够如此自律，养成如此良好的专注做事的习惯，学习成绩优异就是水
到渠成的事情了。

四、把兴趣培养与专注度培养结合起来

"兴趣是最好的老师。"人们在做自己感兴趣的事情时，不需要他人提醒，
总是会很专心很投入。孩子也是如此，他对事情的兴趣越浓厚，其稳定、集中
的专注力就越容易形成。所以家长不要以初中的学业紧张为由，干涉孩子正常
的兴趣爱好。他在聚精会神地看期盼已久的现场比赛直播，你却在旁边不断唠
叨，一会儿让他干这，一会儿让他干那。不只是看书、写作业是学习，在做感
兴趣的事情的过程中，孩子不仅能提高专注力，还能学会做事善始善终、遇到
困难该如何克服、用不同的方法尝试去解决问题，这些都是父母在日常生活中
需要培养孩子应该具备的可贵品质。

除上述方法外，父母和孩子说话时有眼神的交流、建议孩子多读纸质书，
减少浏览碎片化信息的时间都有助于提升孩子专注力以及专注习惯的培养。当
然，教育方法、策略固然重要，父母自身努力做一个做事专注的人也尤为重
要。毕竟榜样的力量是无穷的，想让孩子成为什么样的人，家长要努力让自己
先成为这样的人。

46 | **适合的才是最好的**
——指导孩子学习的"度"该怎样拿捏？

孩子升入初中后，不少家长苦恼于该如何指导孩子的学习，部分学生也时常抱怨因为学习问题与父母矛盾不断升级。鉴于此，我作为班主任及英语教师在所教两个班级中通过问卷星对家长进行了指导孩子学习相关内容的调查，家长匿名填写，共回收有效答卷 96 份，问卷参与率为 100%。

一、问卷调查结果

问卷共 10 个问题，相关题目调查结果如下：

第 2 题　您给孩子检查作业吗？　［单选题］

选项	小计	比例
经常	26	27.0
偶尔	58	60.4
从不	12	12.5

第3题 您给孩子检查作业是检查数量是否完成还是作业质量？ ［单选题］

选项	小计	比例
作业是否完成	53	55.2
作业对错	25	26.0
不检查	18	18.7

第4题 您会督促孩子作业改错并关注改错的正确率吗？ ［单选题］

选项	小计	比例
督促改错	65	67.7
很少督促改错	14	14.5
督促改错，关注改错正确率并为其讲解	17	17.7

第5题 您会给孩子检查史地生等知识点的背诵吗？ ［单选题］

选项	小计	比例
会	57	59.3
不会	25	26.0
想检查孩子不同意	14	14.5

第6题 您在指导孩子学习过程中情绪如何？ ［单选题］

选项	小计	比例
平静	35	36.4
焦虑并经常发火	14	14.5
担心孩子学习现状，尽量控制自己的情绪	47	48.9

第 7 题　您认为孩子学习是　[单选题]

选项	小计	比例	
自己的事	33		34.3
老师的事	0		0
老师、孩子的事	0		0
家长、老师、孩子共同的事	63		65.6

第 8 题　您更看重孩子学习的　[排序题]

选项	平均综合得分	
自主学习的能力	3.33	
习惯	2.31	
创新与合作的能力	1.35	
成绩	1.05	

第 9 题　您如何理解"学习指导"　[多选题]

选项	小计	比例	
作业指导	34		35.4
方法指导	72		75
激励孩子学习斗志，安抚不良情绪	79		82.2

二、问卷分析

问卷调查对象为青岛市优质初中市南区中片的初一学生家长。绝大多数家长接受过高等教育，重视孩子的学业及家庭教育。这点从 7、8、9 题的结果中可窥见一斑：他们明确学习不是学校单方面事情；看重的不是眼前的成绩而是孩子长远发展的能力和学习习惯；清楚"学习指导"不单纯指作业的指导，更重要的是解决孩子的思想问题调动其内驱力以及进行方法的指导。但是结果同时显示：96人中只有35人指导孩子学习过程中心情是平静的，其他则是经常发火或努力控制情绪，此举不利于家庭氛围的和谐以及家长、孩子的身心健康。

三、基于问卷结果给家长的两点建议

1. 学习指导的"度"要因人而异

家长应结合自己孩子的实际情况，给予适宜的学业指导。看到孩子课内学习轻松，做家长的绝大多数都想让孩子好上加好，所以会额外给孩子布置学习任务，想办法搜罗其他学校的试题进行训练，期待赢在中考。此举是否妥当，要看孩子的接受度。如果孩子以此为乐，不以为是负担，家长可以顺势而上；但如果孩子表现出反感，甚至通过放慢完成学校布置的作业的速度来逃避家长布置的学习任务，那就不适宜再一意孤行，要和孩子共同商讨彼此都能接受的其他方案，做好孩子的情绪护理师，调动他自身的积极性和潜质。

如果孩子学习亮起红灯，作业屡屡出现问题，家长该怎么办呢？随着信息技术的发展，家校沟通的渠道越来越便捷。不少教师会通过班级群反馈学生的作业、学习情况，目的是引起家长的重视，得到必要的配合。看到老师反馈自家孩子的问题，觉得丢了面子，回家见了孩子就批评甚至打骂，对问题的解决不起任何作用。因为孩子被家长批评后，往往不考虑自身的问题反而可能迁怒于老师，同时也激化了亲子间的矛盾，不愿再接受家长的学习指导。从内心认可老师及时指出孩子作业、学习问题，是给了自己一个帮助孩子发现问题、改正错误的机会，家长就能做到心平气和地和孩子一起将问题归因，把三年目标细化为学期目标、月目标、周目标并制定相应的切实可行的措施，做到即时性评价。付出便能体会成功的喜悦感和被父母肯定的价值感，必会激发孩子的潜能，主动走出目前的困境。当然改掉长期积累的坏习惯，形成好习惯需要一个相对长的过程，这期间孩子的学习积极性、学习态度会有反复，不会那么一帆风顺，效果也不会是立竿见影，这就需要家长本身有耐性、有较强的抗挫力，悉心呵护孩子的自尊心和上进心。努力一定会有收获，尽管收获不一定在当下，但不努力的结果一定是被困难击败。

2. 家长以身示范的行为本身就是对孩子的"学习指导"

苏联教育学家苏霍姆林斯基指出："父母是创造未来的雕塑家。"雕塑的作品如何，要看雕塑家自身的修为。家长是孩子的第一任老师，也应该是孩子永远的榜样。所以想让孩子爱学习，父母不妨在他们学习的时候，提高自身的专业素质或者看看培养孩子的相关书籍；想让孩子不逆反，易于沟通，父母先做到和家人好好说话，遇事冷静不暴躁；想让孩子学习上有动力，不安于现状，父母也给自己树立一个生活或工作上的目标，和孩子一起相互鼓励朝着目标共同努力。

"家庭教育好比植物的根苗，根苗茁壮，才能枝叶繁茂，开花结果。"优秀的孩子背后一定有智慧的家长。"学习指导"的到位与否和家长的学识没有必然的联系，更关键的因素是家长的家庭教育意识、亲子沟通技巧以及榜样示范作用。愿每一个孩子都能在家庭的肥沃土壤中汲取充足的养分，健康、快乐、茁壮地成长。

47 | 请勿让课外辅导班喧宾夺主

——家长与孩子就上课外辅导班的问题意见不一致怎么办？

初三下学期开学不久，班级某学生妈妈主动约访。前面两年半的时间，和她的交流比较多。原因是夫妻俩经常因为学习问题和女儿发生语言冲突，找不到好的解决办法，希望从我这儿听到一些有用的建议。她此行的主要原因是针对即将到来的中考自招，要给女儿周末增加两科课外辅导班，遭到女儿的强烈反抗。女儿给出的理由是"老师不让我们上课外辅导班"。妈妈说服不了倔强的孩子，想从我这里得到支持。有类似需求的家长其实不止一个，还经常有家长询问该不该给孩子报课外班、衔接班的问题。鉴于此，再结合近期观察到的现象说说自己对于该问题的理解。

现象一：初三寒假期间为了保障学生假期的自主学习质量，学校安排了每周一次语、数、外、物、化学科针对作业的线上讲评答疑课。考虑到假期期间学生有自己的时间安排，学校提前下发了六次课的具体时间，所有老师也为此在假期时间精心批改作业、备课。可令老师们苦恼的是收齐作业难度大，课堂出勤率难以保证。因为家长们纷纷发来信息：因课外辅导班时间冲突请假并申请作业缓交。我们只能默许，尊重家长的选择。如此现状，有美好初衷的线上答疑课效果可想而知。

现象二：新学期开学已进入初三的第二学期，从第一周开始 18：10-20：

20的夜自习学生请假人数陆续增加，理由：晚上有课外班。这个时间段请假我们作为班主任依然无法阻止。可清晰可见的结果是校内作业越来越多学生难以完成，作业讲评课对这部分学生等于无效听讲。学生成绩下降家长更认为要靠课外班弥补，如此循环往复，严重影响了校内正常的教育生态。

让我们先来厘清家长们为什么如此热衷于给孩子报课外辅导班呢？首先是缓解家长自身的焦虑情绪。"比我家孩子优秀的孩子都在报班上课，我们不上不是更落后了吗？""在家里的空闲时间孩子也不爱学习，不如出去上课还能学点东西"。"作为父母，我们该尽的心都尽了，该花的钱也花了，孩子还学不好没理由再埋怨我们。"其次是望子成龙、望女成凤的心理使然。"目前考个好高中比考个好大学还难，我们不能让自己的孩子输在起跑线上。""考上优质高中，将来才有可能考上双一流大学，大学毕业后才有可能找份好工作。"鉴于以上指导思想，有甚者同一个学科给孩子报两三个辅导班，家长花费了大量财力，孩子却苦不堪言。

目前的社会大环境下，孩子不上课外班是否就会失去竞争实力了呢？我们以2023年青岛市被西安交通大学少年班录取的薛同学为例。在同龄人还在备战中考的时候，他已经提前拿到西安交通大学"预科－本科－硕士"贯通培养的通行证，自身实力不言而喻。在接受记者采访时他坦言自己从来没上过课外辅导班，也不爱刷题，更善于自己琢磨研究。"我喜欢按自己的节奏来学习，上辅导班如果进度不一样，反而会打乱我的学习节奏。"上课专心听讲，紧跟老师的节奏，记好课堂笔记，培养学习兴趣和良好的学习习惯，不断总结经验提高学习效率。这就是薛同学"大道至简"的学习秘诀。

我之所以反对家长跟风式为孩子报学科辅导类的课外班主要有以下几个原因。首先是违背"双减"政策，不利于促进孩子全面发展、健康成长。习近平总书记曾说："健康是幸福生活最重要的指标，健康是1，其他是后面的0，没有1，再多的0也没有意义。"十几岁的孩子还在长身体的时候，课余时间都用在转场赶各个辅导班，既要完成学校的作业，又要完成辅导班老师布置的作业，连睡眠时间都保障不了，哪还有精力做自己喜欢的事情或者培养兴趣爱好呢？其二课外班以增加练习量，提分升学为目的。多采用提前讲授教学内容或拔高教学难度的方式，违背了正常的教育规律，削弱了学生的学习兴趣，打乱了学校正常的教学秩序。学会如何学习比学习本身更为重要，保有学习的热情，有独立思考探究的能力，掌握解决问题的方法，拥有创新性思维是成功学习者的必备技能，而这些技能都不是在课外班靠听课、刷题可以习得的。退一步讲，即使仅从学习效果而言，戴尔在1946年提出的学习金字塔就把听讲这种学习方式置于金字塔尖的位置，因为其学习效果是最差的。时间对于每个人都是公平的，老师教得再好，不经过学习者本人对知识的再加工，不在新的情境中加以运用，都不能将知识真正"据为己有"。

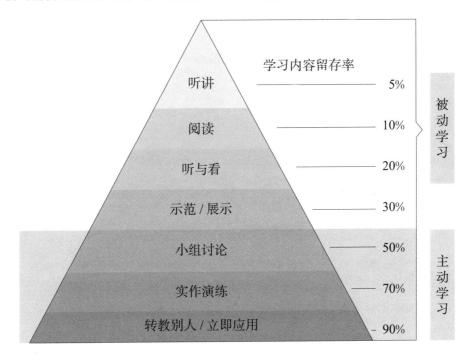

学习金字塔

听听孩子们内心最真实的声音，毕竟他们才是自己学习的主人，最清楚自己的学习是否需要借助外力；站在孩子的角度，感受一下他们的感受；再把目光从盯着的眼前转向孩子未来长远的发展，相信更多的家长会在是否选择课外辅导班，选择什么样的辅导班的问题上放下自己所谓"为孩子负责"的执念，尊重孩子自己的选择。

48 | 培兴趣　创氛围　导方法
——如何帮助孩子养成阅读习惯？

　　莎士比亚曾经这样比喻阅读的作用："书籍是全世界的营养品。生活里没有书籍，就好像没有阳光；智慧里没有书籍，就好像鸟儿没有翅膀。"一个人的阅读史，就是他的精神发育史。很多孩子的幼年都是在父母绘声绘色地讲述睡前故事、阅读绘本的陪伴下度过的。可是随着年龄的增长，尤其到了初中阶段，不少孩子已经逐渐丧失了对阅读的兴趣：或言功课都做不完，哪里还有时间读课外书？或者把空闲时间都用于了上网聊天、刷视频、打游戏；读书的孩子也多在看漫画，看侦探小说、言情小说，只是关注内容和故事情节；极少有孩子养成了长期阅读的好习惯。

　　孩子没有形成阅读的习惯，有其自身的原因，其中也有家长的因素。不少父母鼓励孩子阅读，完全是冲着提升学习成绩去的。认为书读得多了，应该就能提升其阅读能力、写作能力。一旦尝试了一段时间，却没有见到期待的效果，加上初中阶段孩子的学习时间的确很紧张，就降低了让其长期阅读的意愿，转而选择上阅读写作辅导班，认为这样既减少了时间成本，又能在短时间内见成效。其实如果父母只是强调阅读的学习功能，那么读书在孩子眼里就不再是一件令其快乐、愉悦的事情，而会变得无趣甚至成了一种负担。阅读不是快餐，是一个慢功夫。良好的阅读习惯有助于提高孩子的领悟能力、分析问题以及解决问题的能力、能够提高学习效率。但阅读带给孩子的收获不是一朝一夕就能够显现出来的。

阅读是最好的教育。养成良好的阅读习惯，比起参加阅读、写作补习班要有价值得多。当孩子专心投入阅读时，大脑的不同部分会被激活，有助于左右大脑之间的联动，阅读使人聪慧；另外，阅读使人明理。书籍为孩子打开一扇心灵的窗户，能够陶冶情操，帮助孩子树立远大理想，引导孩子树立正确的人生观和价值观，对孩子一生的发展都起着至关重要的作用；喜欢阅读的孩子也不会有时间和精力去接触其他不良的嗜好。所以，家长不妨把眼光放得长远一些，不急于让阅读的种子马上就发芽、开花甚至结果。而是要抓住初中阶段，让孩子爱上读书，帮助孩子养成良好的阅读习惯。

首先，培养孩子的阅读兴趣。

如果想让孩子形成长期、稳定的阅读习惯，势必需要让孩子自己感受到、体验到阅读的乐趣，进而激发其阅读的内部动机。仅仅靠老师、父母提要求，自己没有读书的意愿，那一定是坚持不了多久的。把读书当成家长给布置的作业，应付着完成，也一定不会收到理想的效果。《哈利·波特》的作者 J.K. 罗琳说过"如果你不喜欢阅读，是你没有找到合适的书。"所以建议父母让孩子先迈出第一步——愿意读书。只要是健康有意义的、符合初中生身心发展特点的又具有一定趣味性、时代感、欣赏性、审美性的书籍，即使在父母看来是闲书也要允许孩子去读。不必非要从中国古典文学作品、初中语文新课标名著必读书目中去选择，毕竟每个孩子感兴趣的事物都不一样。孩子能自己选择想要阅读的书最好，如果孩子不知道怎样选择，家长也不要包办代替，问问他喜欢看哪一类的书籍，建议先上网做做功课查一查，再做出选择。

阅读习惯养成的初期，目的就是为了激趣。所以不建议家长此时对阅读方法做过多指导，或者规定读完了必须写笔记、写感想等等，不给孩子任何读书的压力。哪怕你认为他这样的读法会让效果打折扣、哪怕他一本书读不下去了又换另外一本，也不要急于对孩子的行为做评判。只要他每天读就给予鼓励。坚持 21 天就会形成习惯，坚持 90 天以上就会形成稳定的阅读习惯。

其次，为孩子创造阅读环境，营造书香家庭氛围。

从硬件来说，孩子喜欢读书的前提是家里有书可读。除了课本、参考书、习题集、字典等工具书外，家里最好要有一定的藏书量。除了适合孩子的课外书外，可以放父母读的书或者父母希望孩子读的书，以便孩子的闲暇时随处都可以拿起一本书来读。读的过程孩子可能会发现对以前没有涉足的领域其实也很感兴趣。哪怕身居斗室，最好也能开辟出一隅安静之处，让孩子能够潜心于此，徜徉书海。

从软件来说，嘈杂的环境肯定不适合沉浸式阅读。父母在看电视、打游戏、玩手机、搓麻将，让一个十几岁的孩子能独自沉浸在书的世界里是很难的事情，除非他已经具备高度的自律性或者对读书痴迷到忘我的程度。父母的言传身教是最好的家庭教育方式。如果父母之间常常交流讨论对读过的书的看法；空闲时间父母是以读书为乐。长期耳濡目染，无需父母多言，孩子就会自然而然地加入家庭读书的行列。这种读书的习惯还很有可能形成家风，代代传承下去。

最后，给予孩子有效的阅读方法指导。

当孩子对阅读逐渐有了兴趣的时候，家长就可以在方法上予以指导，以便让阅读更有成效。阅读习惯的养成贵在坚持，所以有时间就读，没时间就不读，三天打鱼两天晒网是不行的。可以建议孩子计划每学期读书的数量，每天固定时间阅读，完成一次打卡一次。当然具体的阅读数量、每天的阅读时长都要由孩子自己确定，不能由父母定标准。定计划以及完成计划的过程，孩子体验到的成就感会激励他继续读下去；读书的目的不是为了单纯地了解书的内容，而是要思考和应用实践。所以可以建议孩子做深度阅读，边读边做批注，把自己读到此的所思所想记录下来。边读边做笔记，内容从开始的摘抄到自己的独立思考：作者为什么这么写，自己怎么看这段文字等等。要提高阅读的速度，不建议孩子采用朗读或者用手指指读的方式。遇到不认识的字词，不必马上查字典解决，不影响上下文理解即可。不必一字字地读，以免影响对内容的整体理解。学校里学生完成同一份试卷的时长差别很大，除了对知识掌握的熟练程度外，阅读的速度也是其中一个原因。有阅读习惯的孩子在这方面就会表现出明显的优势。

良好的阅读习惯不是天生具备的，是需要后天培养的。孩子生来就有学习的能力，只要父母掌握科学的方法，对孩子多加引导。培养阅读的兴趣、创造阅读的家庭氛围、帮助孩子掌握正确的阅读方法，就能让孩子爱上阅读。与书为伴，幸福成长！

49 | 莫让粗心成为"保护伞"
——怎样解决孩子学习粗心的问题？

粗心是绝大多数学生在学习上都会遇到的一个问题。经常看到有学生试卷一拿到手，就遗憾地敲着脑袋嘀咕道："这道题这么简单，怎么还能错呢？我明明会的呀！"可考试的时候，把客观题答在了试卷上，忘记填涂答题卡的；考试时间过半了，答案又写错了位置，要求重新更换答题卡的；题在草稿纸上做对了，往卷子上抄，又写错了的学生不是个例。我所带 2023 届毕业生小涵，中考满分 360 分，她取得了 345 分的优异成绩。就得益于做到了语数外三科均没有出现失误性的错误，做到了老师常说的考场上"颗粒归仓"。那么，家长究竟该如何引导孩子解决学习粗心的问题呢？

首先，建议家长纠正对于孩子学习粗心问题的两个错误归因。

有些家长经常和孩子一样，把失分的原因甚至学习不理想的原因归咎于粗心。其实粗心只是看到的一个表象，并非问题的本质。找不到问题背后的"真凶"，要解决孩子粗心的问题等于是舍本逐末，而且还容易助长"我都会，就是大意了！"的优越感，为失分找到一把"保护伞"。家长不妨引导孩子深究粗心造成错误的题目，分析原因究竟是受思维定式的限制，落入了题目"陷阱"；还是时间紧张影响了答题心态；或者是缺乏精细加工的能力，漏掉了关键信息？只有经过了这样缜密的思维过程，孩子才会在日后的学习中，有意识地避免同样的错误再犯第二次。要想让孩子变得细心，家长不妨多给孩子积极的心理暗示。比如："上周你的作业还时常有错误。这周明显仔细多了。书写工整了很多，正确率也有大幅提高。爸爸很满意。""尽管这次数学成绩和上次持平，但填空和计算这些基础知识一分没扣，说明你做题时很仔细、很用心，值得表扬！"运用好"皮格马利翁效应"，孩子就会朝着父母所期待的细心的方向发展。

还有些家长认为，孩子说粗心就是在给自己找借口，题没做对是因为对知识没有掌握透彻，或者运用得不够熟练。这部分家长的归因有道理，但未免有些以偏概全。造成粗心的问题有智力因素的原因，还有些是非智力因素的原因，如习惯的问题。有些学生不按规范答题，做题懒得写步骤；写作文做不到下笔有神，还不打草稿，直接在答题纸上删来划去；做事静不下心来，没有条理。考场上犯没看到反面的试题这样低级的错误。其实考场上的这些失误在平日都是有章可循的。提高孩子平日作业的规范性和书写的工整度。父母从身边的小事做起，提高孩子的生活自理能力。不要到初中了，还不会整理书包、不会分类整理各科学习资料、书桌被各种东西覆盖，想找样东西半天找不出来；培养孩子做事情的计划性和条理性；生活习惯和学习习惯是有高度相关性的，不是割裂的两件事情。培养孩子井井有条的生活习惯。慢慢地，孩子在学习上也会逐渐细心起来。

其次，帮助孩子养成自我检查、自主解决问题的好习惯。

作业或者试题做完了，回过头来重新检查，尤其是检查第一遍做的时候没太有把握的题目是提高质量、避免马虎出错的关键。但很多学生并没有养成自我检查的习惯。考场上做完题不让提前交卷，宁愿把宝贵的时间浪费在画画、睡觉上。建议家长尽早让孩子意识到学习是他自己的事情，作业要自己检查并改正错误。父母一定不要大包大揽，或者包办代替，让孩子养成依赖大人的习惯。碰到不会的题目，解决不了，有位家长的做法值得借鉴。她不给孩子讲题，而是指导孩子把每科当天遇到的问题以清单的方式逐一罗列出来，把清单粘在该科课本上。让孩子第二天通过请教老师或同学的方式解决，回家后再把这些原来不会、现在弄懂的题目讲给家长听。这种方式一举解决了学习方法、学习习惯、知识内容、社交能力等多个问题，可谓一举多得。

最后，养成整理错题的习惯，建立错题本。

想要减少马虎犯错，就需要重视错误，减少错误的复现率。指导孩子将每次作业、考试他认为因马虎做错的题目都记录下来，建立各个学科的错题本。及时重新订正答案，并在错题旁边用红笔写明出错的原因，比如概念错误、审题错误、答题不规范等，方便孩子明确自己在知识或技能方面的薄弱点在哪，有针对性地加强练习。同时，养成经常翻阅错题本的习惯，直到对错题完全理解。隔段时间，让孩子重新做错过的题目。对第二遍做对或再次出错的题目用不同颜色的笔做标记，错了两遍的题还要做变式题进一步巩固才行。中高考学霸在总结学习经验时，基本都会提到建立错题本这一制胜法宝。它可以把孩子从题海中解放出来，做题是为了完善知识网络、巩固知识体系。但错题会让孩子的学习过程变得痛则不通。通过整理错题则可以查缺补漏，弥补不足，达到通则不痛、事半功倍的效果。

孩子学习粗心的问题尽管很普遍，但它算不上顽疾。只要父母深入了解孩子粗心背后的真正原因，对症下药，并且不断运用积极心理学鼓励孩子持之以恒，孩子学习粗心的问题便会逐渐得到缓解，乃至得以根治。

50 | 先反思父母有没有加重孩子的作业之困

——孩子完成作业困难怎么办？

作业是学生巩固所学知识和检验知识掌握情况的主要形式之一，写作业是学生日常主要的学习任务之一，是学生的责任。但孩子的作业问题目前已成为很多家庭亲子矛盾、冲突的导火索。孩子熬夜写作业，父母熬夜陪写作业影响到了家庭的幸福和谐氛围以及全家人的身心健康。不少孩子不愿写作业、作业磨蹭、难以独立完成作业的问题究竟该怎么解决呢？

孩子作业问题的成因是多方面的，要解决问题，家长有必要先搞清楚自家孩子属于哪一种情况，方能对症下药。首先，从小学升入初中，作业量陡增是一个客观事实。学习科目的增多、难度的增加、在校时间的延长都势必拉长学生家庭作业的用时。从学校层面，一直在严控作业总量、不布置过量机械性重复性作业、提升教师作业设计能力方面下功夫。但目前学校面临的困难是一个班级布置同样数量的作业，学生完成作业的用时差距明显。对于作业量的把控老师是以多数学生所需时长为基准考虑，没有办法兼顾到个体。从家长角度，对于孩子面临的作业困难不能共情，有急躁情绪，整日以唠叨、批评的方式催写作业；不和孩子商议，强制增加额外练习；家长自身对于老师布置的作业不满，负面情绪传递给孩子等行为都会让孩子的作业问题变得愈发难以解决。从孩子本体究其根源有的是对作业目的没有清楚的认知，把完成作业当成给老师交差，让父母开心，而不是为自己的学业负责；有的确因独立完成作业困难导致产生抄同学作业、上网搜答案的现象；还有的则是因为孩子没有养成良好的作业习惯，缺乏意志力，懒惰、写作业过程中注意力不集中所导致的问题。

要解决孩子的作业问题，父母首先要意识到自身行为给孩子带来的困扰，先行一步，做出改变。再针对不同原因产生的作业问题，给出合理化建议，孩子才会愿意接受这些建议，继而去尝试做出改变。

学会管理时间是孩子每天尽早完成作业，提高学习效率，保障充足睡眠的重要技能。现已就读于二中的小张同学即使在学业繁重的初三都基本做到了在学校完成当天的作业，每天保证两个小时的自主学习时间，10：00点之前睡觉的良好习惯，这一切都得益于她对时间的高效管理。父母有必要建议孩子充分利用在校内的时间写作业，如午休前的时间、自习课时间、晚托管时间，把每天这些零碎分散的时间利用起来，每个孩子都有能力在放学前完成部分作业，在学校没有一丁点儿时间写作业绝大多数情况下都是孩子的托词；自主性强的孩子还会提前完成周期性的或固定的作业，比如抽空完成语文老师每周五布置的周记、预习完功课后提前做完书上的习题。把任务完成在老师布置之前，会让孩子学得轻松且有益于增强学习的自信心；还可以交叉科目完成作业，尤其是对于不擅长的学科，如果该科当天有几项作业，可以把各项作业穿插在其他轻松驾驭的科目之间完成，避免长时间做一科作业，久攻不下，形成畏难甚至想要放弃的负面情绪；把平日作业当成考试，让孩子自己规划各项作业的用时，通过计时的方法，在规定时间内集中精力，提高单位时间的效率。"不需要利用每一分钟来学习，而要充分利用好学习的每一分钟"是很多学习高手的共识。在孩子写作业的过程中，爸爸妈妈一定要拒做"直升机式父母"，过度干预、参与他的安排，而要把安排时间尤其是空闲时间的权利还给孩子，给孩子自主训练时间管理的机会，并适时予以鼓励，孩子才能提高自主意识，学会自我成长。

针对孩子完成作业确因能力达不到、不会做产生的问题，家长不能只是批评他上课听讲不专心；靠简单粗暴的方式禁止孩子抄作业、搜答案，而要给出具体的解决问题的方案。比如孩子作业过程中经常出现的一道数学题或物理题已经研究了半小时，就是苦于找不到解题思路的情况。这时候父母不能跟着着急，或者自己会的话直接拿过来给孩子讲，让他形成依赖心理。不如劝他把这道题放一放，作业以学会、巩固知识为目的，不必苛求作业的高正确率、被老师表扬这些外在的因素，就像考试时受时间所限，不能揪着一道题影响了其他题目的作答一个道理，待第二天通过求助老师、同学把问题搞明白就好；预习、复习是提高学习质量的重要手段，孩子已经形成了恶性循环，作业完成得很晚，抽不出时间预习复习，就可以利用课前两三分钟的时间，粗略了解下当堂要学习的内容，写某科作业之前先拿出一点时间巩固当天所学的知识再动笔写，就会很大程度上提高作业效率，匀出每天对主要学科系统复习、预习的时间，让学习的过程良性循环起来。

　　初中生完成作业困难的问题能不能得以解决，需要花费多长时间解决，学生个人的主观愿望很关键，而父母对此的态度、做法所起的作用更为关键。父母不断在控制、指责又后悔的怪圈中循环往复，只能把孩子作业的问题从轻症恶化为顽疾。既然如此，父母不如俯下身子，对孩子遇到的困难感同身受。您就能引领着孩子通过有效的方法一点点走出迷雾。